Jean-Marc Ausset

Tome 1: Paraboles de la nature: regards croisés avec la Bible

Jean-Marc Ausset

Tome 1: Paraboles de la nature: regards croisés avec la Bible

L'aigle et la ruche

Éditions Croix du Salut

Impressum / Mentions légales
Bibliografische Information der Deutschen Nationalbibliothek: Die Deutsche Nationalbibliothek verzeichnet diese Publikation in der Deutschen Nationalbibliografie; detaillierte bibliografische Daten sind im Internet über http://dnb.d-nb.de abrufbar.
Alle in diesem Buch genannten Marken und Produktnamen unterliegen warenzeichen-, marken- oder patentrechtlichem Schutz bzw. sind Warenzeichen oder eingetragene Warenzeichen der jeweiligen Inhaber. Die Wiedergabe von Marken, Produktnamen, Gebrauchsnamen, Handelsnamen, Warenbezeichnungen u.s.w. in diesem Werk berechtigt auch ohne besondere Kennzeichnung nicht zu der Annahme, dass solche Namen im Sinne der Warenzeichen- und Markenschutzgesetzgebung als frei zu betrachten wären und daher von jedermann benutzt werden dürften.

Information bibliographique publiée par la Deutsche Nationalbibliothek: La Deutsche Nationalbibliothek inscrit cette publication à la Deutsche Nationalbibliografie; des données bibliographiques détaillées sont disponibles sur internet à l'adresse http://dnb.d-nb.de.
Toutes marques et noms de produits mentionnés dans ce livre demeurent sous la protection des marques, des marques déposées et des brevets, et sont des marques ou des marques déposées de leurs détenteurs respectifs. L'utilisation des marques, noms de produits, noms communs, noms commerciaux, descriptions de produits, etc, même sans qu'ils soient mentionnés de façon particulière dans ce livre ne signifie en aucune façon que ces noms peuvent être utilisés sans restriction à l'égard de la législation pour la protection des marques et des marques déposées et pourraient donc être utilisés par quiconque.

Coverbild / Photo de couverture: www.ingimage.com

Verlag / Editeur:
Éditions Croix du Salut
ist ein Imprint der / est une marque déposée de
OmniScriptum GmbH & Co. KG
Heinrich-Böcking-Str. 6-8, 66121 Saarbrücken, Deutschland / Allemagne
Email: info@editions-croix.com

Herstellung: siehe letzte Seite /
Impression: voir la dernière page
ISBN: 978-3-8416-9983-1

Copyright / Droit d'auteur © 2015 OmniScriptum GmbH & Co. KG
Alle Rechte vorbehalten. / Tous droits réservés. Saarbrücken 2015

TOME 1

PARABOLES DE LA NATURE

Regards croisés avec la Bible

L'aigle royal　　　　　　　　La ruche

« Jésus leur parla en paraboles sur beaucoup de choses. »

Evangile de Matthieu ch 13 v 3

PROLOGUE

Les paraboles sont des allégories qui renferment des vérités importantes.
En raison de leur pouvoir évocateur et imagé, elles furent un des moyens privilégiés que Jésus utilisa pour transmettre ses enseignements.
C'est ainsi que parmi les quarante sept paraboles que nous ont transmis les auteurs des Evangiles, Jésus a abordé un certain nombre de thèmes tels que ceux qui concernent le royaume des cieux, la fin des temps, la rédemption, le pardon, la prière et d'autres encore.
C'est cette démarche que nous avons suivie en utilisant les images de l'aigle et de la ruche (tome1) des racines et de la vision.(tome 2).
Ces textes, conçus à l'origine sous forme de prédications, ont donné lieu à une adaptation écrite et, de ce fait, ont conservé le style direct de l'allocution.

La parabole de l'aigle, la plus courte, nous conduit à la découverte de Dieu au travers de la personne du Père.
La parabole de la ruche présente plusieurs leçons sur la vie communautaire au sein de l'église locale.
Celle des racines comporte une série de messages orientés vers les fondements de la vie chrétienne.
Enfin, la série de méditations sur la vision, met en évidence les défauts de la vision spirituelle et les moyens d'y remédier.

Que la lecture de ces modestes lignes vous apporte, cher lecteur, autant de joie et de réconfort que nous en eûmes à les rédiger !

Un dernier mot :
« A Dieu seul soient gloire, honneur et louanges au siècle des siècles. Amen !

Jean-Marc AUSSET

PARABOLE DE L'AIGLE

Car la portion de l'Eternel, c'est son peuple…..pareil à l'aigle qui éveille sa couvée, Il voltige sur ses petits, déploie ses ailes, les prend et les porte sur ses plumes.

Deutéronome 32 v 9, 10

PARABOLE DE L'AIGLE

I) Introduction

Parmi les multiples domaines que la Bible permet à ses lecteurs d'aborder, il en est un qui est riche d'enseignements spirituels, c'est celui des sciences naturelles et plus particulièrement celui du monde animalier.
Au détour de telle ou telle lecture, vous pourrez découvrir la présence glaciales des serpents brûlants, celle des scorpions qui ne manque pas de piquant, celle des daims et des gazelles évocatrice de grâce et de gentillesse, celle des ânes et des mulets toujours prêts à la tâche, celle des chevaux symbole de puissance guerrière, celle des moutons et des chèvres prodigues en viande, en lait et en laine, celle du chameau réputé pour sa sobriété ainsi que celle, moins avenante des prédateurs comme le lion, l'ours, le renard et le chacal.
Ah ! J'oubliais le daman, petit ongulé herbivore de la taille du lapin, possédant des oreilles fines, animal timide vivant en colonies dans les endroits rocheux. Pour les puristes, je préciserai qu'ils sont anoures, autrement dit, pour tous les autres, qu'ils sont dépourvus de queues. Vous aurez donc du mal à les voir marcher à la queue leu leu !
Si je me suis attaché à survoler rapidement ces différentes espèces, c'est pour mieux susciter votre intérêt et vous entraîner dans le royaume merveilleux de la gent ailée où se côtoient pigeons et colombes, perdrix et cailles, cigognes et hiboux, aigles et vautours. Comme vous l'aurez compris, le volatile qui a retenu mon attention et dont parle souvent la Bible est l'aigle, non pas que ses frères emplumés manquassent d'intérêt, mais parce que l'aigle est au royaume des oiseaux ce que le lion est au royaume des mammifères carnivores, tout simplement royal !
Je vous propose donc de porter notre regard sous trois angles différents qui s'enrichissent mutuellement : l'aigle du point de vue de l'ornithologue ; l'aigle comme image de Dieu ; l'aigle, source de promesses pour le chrétien.

II) l'aigle du point de vue de l'ornithologue

L'aigle royal, appelé aussi aigle doré qui doit son nom à la couleur de sa tête, est aussi nommé par les scientifiques : aquila chrysaëtos (en grec aëtos : aigle et chrysae : or), l'or étant un métal royal !
Le terme « aigle » est son nom vernaculaire, nom usuellement donné dans sa région d'origine comme l'aigle de Bonelli ou l'aigle des steppes. Son nom scientifique est dit binominal : aquila chrysaëtos.
C'est la raison pour laquelle on dénombre 36 espèces d'aigles portant un nom vernaculaire et seulement 13 espèces scientifiquement déterminées.
L'aigle est un rapace (latin : rapere, emporter précipitamment) de l'ordre des falconiformes diurnes qui comporte lui-même 292 espèces réparties en 5 familles :
Les falconidés (faucons), les cathardidés (charognards) les pandionidés (cosmopolites) les sagittaréïdés (en forme de flèche), les accipitridés (oiseaux de proie).
C'est à cette dernière famille qu'appartient l'aigle royal.

1) L'aigle, tout un symbole

De tous temps, l'aigle a été porteur de symboles. Dans la mythologie, il est l'oiseau des dieux.
Il est l'emblème de la ville de Genève ; il fut celui de l'Impératrice de Russie, du Duc de Toscane, de l'Empire austro-hongrois.
Il fut choisi par les Romains comme emblème pour leurs armées, puis par Napoléon I et Napoléon III qui arborèrent les aigles impériales comme figure héraldique de leurs blasons et armoiries.
Les Perses avaient des bannières à son effigie ainsi que les Assyriens.
Les Aztèques avaient pour lui de l'adoration.
Symbole de puissance, de beauté, de prestige et de gloire, l'aigle va inspirer au XVIII° siècle en Prusse la création d'ordres de chevalerie : Ordres de l'aigle noir, rouge, blanc, d'or, etc…
Et cependant, malgré un passé aussi prestigieux, ce magnifique voilier qui déploie ses ailes en Amérique du Nord, en Afrique du Nord, en Asie et en Europe, a été longtemps considéré en France comme nuisible. Il fut chassé, empoisonné, piégé et ses œufs détruits ! Il

aurait disparu des massifs des Alpes, des Pyrénées, du massif Central et de Corse si une loi de 1970 n'en avait fait une espèce protégée. Notre région des Cévennes en compte actuellement 3 ou 4 couples auxquels nous souhaitons longue et paisible vie, et l'on dénombre environ 100 couples en France.

Je dois avouer qu'en découvrant ce vaisseau spatial sorti des mains du grand Créateur, mon émerveillement et mon admiration sont allés croissant alors que, déjà adorateur du second, voici que je m'éprenais du premier !

2) Focus sur l'aigle et sa couvée

Je vous invite maintenant à vous armer de votre longue vue pour découvrir cette merveille de la nature !
Sachez tout d'abord que la femelle est plus grande que le mâle ; que leur corps qui pèse de 3 à 6,5 kilos, mesure de 75 à 90 centimètres de long pour une envergure allant de 2 mètres à 2,27 mètres pour la femelle. Sachez aussi qu'ils vivent 25 ans en liberté et jusqu'à 40 ans en captivité.
L'aigle royal porte bien son nom puisqu'il est le plus grand de sa famille. Seul le condor qui est un cathardidé, un charognard, le dépasse avec ses 3,20 mètres d'envergure, mais lui n'a jamais gagné de prix de beauté !
Pour la toute petite histoire, permettez-moi de vous signaler, à titre de comparaison, l'existence du fauconnet pygmée africain qui pèse moins de 200 grammes !
Mais, revenons à notre aigle royal, et pour ne pas être chauvin, à notre aigle royal cévenol.
Vous le reconnaîtrez à la couleur dorée des plumes qui lui couvrent la nuque et l'occiput, tandis que le reste de son plumage est de couleur sombre tacheté de blanc au niveau des ailes.
Les plumes de ses ailes, appelées rémiges (lat : remex : ramer) lui permettent de faire du vol stabilisé même par grand vent et forment comme des doigts à leurs extrémités.
Ses deux pattes emplumées possèdent quatre serres puissantes aux ongles acérés lui permettant de se percher et de saisir ses proies avant de les dépecer avec son bec crochu.

Ce qui caractérise l'aigle royal, c'est d'une part son acuité visuelle qui est huit fois supérieure à celle de l'homme et qui lui assure une vue perçante à plus de 500 mètres, et d'autre part sa capacité à calculer la distance de sa proie et à évaluer la vitesse pour l'atteindre, qui peut avoisiner les 300 km/h en piqué !
C'est dire que ses proies ont peu de chances d'échapper à leur prédateur qui est capable de transporter jusqu'à 3,5 kilos de lièvres, lapins, jeunes chamois, oiseaux, reptiles, marmottes et plus rarement de cadavres.
En règle générale, les aigles chassent en couple : ils plongent et volent à ras du sol pour surprendre leurs proies, mais également en plein vol où ils capturent de gros oiseaux comme des grues ou des oies.
La plupart du temps, l'aigle reste silencieux, et si vous avez la chance de l'entendre, vous aurez l'impression d'ouïr comme des miaulements – hié – ou des aboiements – kié -.
Vous pourrez alors dire, en connaisseurs que vous êtes en train de devenir, que vous avez entendu un aigle glapir, trompeter ou encore glatir.

Je vous propose maintenant de diriger votre lunette vers le sommet de la falaise qui borde la Can de l'Hospitalet et d'observer bien attentivement !
Ne faites pas de bruit car notre aigle, dont les oreilles sont cachées sous les plumes, a l'ouïe fine même à 300m de là !
Vous le voyez son nid, à 100 m de haut ? Et bien, sachez que, s'agissant de l'aigle, on lui a donné le nom d'aire !
En général, sa construction commence au printemps à l'aide de branches, d'herbes et de mousses pour en tapisser le fond. Chaque nid est orienté sud-sud-ouest, dans un endroit inaccessible, en haut d'une falaise. Cette orientation permet à la roche de se réchauffer et de créer ainsi des courants thermiques ascendants favorisant l'envol, surtout pour les aiglons.
Les couples unis pour la vie peuvent avoir jusqu'à cinq aires utilisées sur plusieurs générations. On peut donc dire que les aigles ne manquent pas d'aires !
Vous serez étonnés d'apprendre que chaque nid mesure jusqu'à 2 ou 3 mètres de diamètre, d'une profondeur de 90 centimètres, et qu'il peut

atteindre 2 mètres de haut et peser jusqu'à une tonne ! De vrais architectes, nos aigles !

Je vous invite maintenant à zoomer sur le nid, et là, que voyez-vous ? Deux aiglons qui battent des ailes, dressés sur leurs pattes, glapissant à gorges déployées tandis qu'aux bords de l'aire leur mère les encourage sous la surveillance de leur père aux aguets !
Nous sommes au mois de mai et c'est le moment du premier envol ; ils ont environ deux mois et demi. Voilà plusieurs jours que leurs parents ne les approvisionnent plus en nourriture pour les inciter au grand saut.
Alfred de Musset a très bien décrit ce moment crucial :
« Lorsque le jeune aiglon, voyant partir sa mère,
En la suivant des yeux s'avance au bord du nid,
Qui donc lui dit alors qu'il peut quitter la terre
Et sauter dans le ciel déployé devant lui ?
Qui donc lui parle bas, l'encourage et l'appelle ?
Il n'a jamais ouvert ni sa serre ni son aile ;
Il sait qu'il est aiglon, le vent passe, il le suit. »

Quel beau spectacle que celui qui s'offre à nous avec le « suspense » qui l'accompagne !
Il arrive, en effet, mais rarement que l'aiglon tombe par maladresse et n'ouvre pas ses ailes assez tôt ! Mais, quelle joie de le voir faire ses premiers planés et ses premiers atterrissages !
Trois mois auparavant, ils étaient encore dans leur coquille, couvés pendant quarante cinq jours, après avoir été pondus à deux ou trois jours d'intervalle l'un de l'autre. Puis, il leur a fallu deux jours pour briser leur coquille avec la petite dent située au bout de leur bec, appendice qui tombera quelques semaines plus tard.
Le plus souvent le premier-né agresse le second plus faible et finit par le tuer : on parle alors de caïnisme. Dans notre cas, le deuxième aiglon était une femelle, plus grosse que le mâle et ce triste sort lui fut évité.
Jusqu'à ce premier envol, ils ont été nourris par le père et la mère, l'un chassant, l'autre veillant sur la couvée.
Leur territoire de chasse peut empiéter sur celui d'un autre couple et peut recouvrir 500 km2

bien que le plus souvent il ne s'étende que sur 100 km2. Il leur arrive de s'éloigner jusqu'à 100 kms de leur aire !

Nos jeunes aiglons qui n'en reviennent pas de tant de sensations de peur mêlées à tant de plaisir, sont de retour dans leur nid. Ils n'en reviennent pas d'en être revenus et on les comprend bien ! Tout le monde est soulagé et chacun s'active avec délice sur le lapin offert en récompense par leur royal paternel.

Désormais, ce sera pour eux l'apprentissage de la chasse qui durera environ un mois.

Après quoi, ils seront priés gentiment mais fermement de quitter le nid et de ne pas y revenir.

Ils iront alors s'installer dans une aire déjà construite et c'est vers l'âge de quatre ou cinq ans qu'ayant atteint leur maturité sexuelle, ils chercheront un partenaire pour une vie à deux, faite de fidélité jusqu'à ce que la mort les sépare !

A leur tour ils auront des petits car ainsi va la vie des aigles royaux des Cévennes, de France et de Navarre. Une vie pleine de dangers dus aux actions de méchants bipèdes qui n'y comprennent rien au monde du seigneur des espaces aériens : risque d'électrocution au contact des lignes électriques, risque de collision avec les pylônes, avec les automobiles en allant ramasser des animaux tués sur les routes, risque d'empoisonnement en consommant des herbivores contaminés par les pesticides, risque d'être tués par des chasseurs atteints de presbytie ou ayant un coup dans l'aile !

Pour en terminer avec notre approche ornithologique et pendant que vous rangez votre lunette d'observation, laissez-moi vous rapporter une dernière information d'importance : il s'agit du renouvellement du plumage de l'aigle. En effet, il subit une mue complète qui s'étale sur une année et s'opère par séquences irrégulières. Cette progressivité lui permet ainsi de conserver en permanence toute sa puissance de vol !

Admirons au passage l'ingéniosité du divin Créateur ! Nul besoin de lifting, ni de peeling, ni de bottox !

A trente cinq ans, notre vieillard ailé n'a pas pris une ride !

III) l'aigle du point de vue théologique : une image de Dieu

Je vous convie maintenant à vous pencher avec moi sur l'image de l'aigle, avec l'œil du théologien.
Le texte que nous lirons est extrait du cantique de Moïse dans Deutéronome 32 v 9 à 11 :
« Car la portion de l'Eternel, c'est son peuple, Jacob est la part de son héritage. Il l'a trouvé dans une contrée déserte, dans une solitude aux effroyables hurlements ; Il l'a entouré, Il en a pris soin, Il l'a gardé comme la prunelle de son œil, pareil à l'aigle qui éveille sa couvée, voltige sur ses petits, déploie ses ailes, les prend, les porte sur ses plumes. »

1) Un Dieu attentionné :

Comment ne pas être saisi d'une sainte émotion envers notre Dieu tant l'atmosphère qui se dégage de cette description est évocatrice de sollicitude, de tendresse, de prévenance !
Nous sommes invités ici à entrer dans l'intimité même de notre Dieu qui est venu nous arracher aux affres du désert de la mort, pour nous transporter sur ses hauteurs, dans le confort de sa présence, à l'abri de Satan, le grand prédateur. Il n'est pas un Dieu insensible, figé dans une attitude béate d'autosatisfaction, aveugle aux souffrances de ses créatures, sourd à leurs cris de détresse ou à leurs interrogations ; Il n'est pas ce dieu impassible à l'éternel sourire qu'arborent hiératiquement les bouddhas de pierre ! Le Dieu qui se présente à nous sous les traits royaux de l'aigle en a toute la noblesse, toute la générosité, toute la vitalité !
Il est un Dieu de tendresse, de communication, un Dieu qui agit, un Dieu de proximité, un Dieu qui nourrit, un Dieu qui protège !
Comme l'aigle avec ses aiglons, notre Dieu nous assiste et nous encourage lors de notre premier envol dans l'espace limpide et azuré de son royaume de lumière et nous apprend à déployer les ailes de la foi et à découvrir, émerveillés, les courants ascendants du souffle de l'Esprit qui nous porte plus haut, toujours plus haut, là où l'amour divin rayonne comme le soleil !

2) Dieu, le Père créateur

S'il fallait définir notre Dieu tel qu'il ressort de cette émouvante description, nous dirions sans barguigner, qu'Il est notre Père céleste !
Et, si nous ne devions retenir de cette méditation que cette vérité, cela nous suffirait comme viatique pour entrer sereins dans l'éternité, tant il est vrai qu'elle porte en soi notre salut présent et à venir. Vérité si immense et si vitale pour nous, qu'elle fut au centre de la mission de Jésus-Christ, le Fils de Dieu, qui est descendu des cieux pour nous révéler son Père et nous réconcilier avec Lui par sa mort sacrificielle et rédemptrice !
Qu'aujourd'hui, cette révélation de Dieu comme votre Père céleste, soit votre partage et remplisse votre cœur de paix, d'assurance, de foi et de confiance, d'amour et de reconnaissance !
Le second texte que je vous invite à découvrir se trouve dans le livre de Job ch 39 v 29-33 :
Dans le chapitre précédent, Dieu parle à Job et le conduit par une série de questions induites qui se succèdent suivant un rythme qui va crescendo, à prendre conscience de la façon la plus aiguë, de sa souveraineté incontestable sur les éléments naturels.
C'est cette démarche que l'Eternel utilise au chapitre 39, appliquée cette fois-ci au règne animal. Ecoutons ce qu'Il dit à Job :
« Est-ce par ton intelligence que l'épervier prend son vol et qu'il étend ses ailes vers le midi ? Est-ce par ton ordre que l'aigle s'élève et qu'il place son nid sur les hauteurs ?
C'est dans les rochers qu'il habite, qu'il a sa demeure sur les cimes des rochers, sur le sommet des monts. De là, il épie sa proie, il plonge au loin ses regards, ses petits boivent le sang ; et là où sont les cadavres, l'aigle se trouve ! »
La métaphore précédente nous a offert l'image de Dieu sous les traits du Père protecteur et nourricier. Le texte que nous venons de lire élargit notre vision de Dieu en nous le présentant sous les traits du créateur de tout ce qui vit, en même temps qu'il souligne et sa souveraineté et son intelligence.
Ce qui est remarquable et qu'il convient de préciser, c'est la connaissance approfondie que Dieu a des comportements innés de ses créatures. Il sous-entend dans ses descriptions que ces comportements

ne sont pas les fruits du hasard, mais, tout au contraire, les produits de son génie créateur.

Est-ce par ton intelligence ? demande-t-Il à Job. Sous-entendu, tu sais bien que non !

Or, derrière chaque question se cache une réponse intelligible, j'oserai dire rationnelle, scientifique.

Si l'épervier prend son vol vers le midi, c'est parce que c'est là que le soleil chauffe la falaise et crée des thermiques ascendants !

Si l'aigle place son nid sur les hauteurs, c'est parce qu'il pourra aisément étendre sa voilure et prendre son vol. C'est aussi parce que doté d'une vision exceptionnelle, son champ d'action s'en trouvera élargi !

En d'autres termes, nous découvrons un Dieu créateur, souverain, intelligent mais plus encore, un Dieu qui connaît à la perfection les mécanismes les plus subtils et les plus cachés de la plus insignifiante de ses créatures !

Cette connaissance qu'Il a de l'aigle et de toutes ses autres créatures animales dénote un amour pour chacune d'entre elles. Aucune n'échappe à la bienveillance de son regard.

Quel réconfort, cher lecteur, de savoir que notre divin créateur, non seulement nous connaît mieux que le plus expert psychologue, que le plus éminent neurophysiologiste, que le plus savant médecin, mais que, de surcroît, Il s'intéresse à chacun de nous, non pas comme un cas à traiter, comme un numéro de chambre à visiter, mais comme une personne unique qu'Il connaît par son nom et qu'Il appelle par son prénom !

Ceci me conduit à vous inviter, à vous inciter à Lui dire, chacun pour votre part : Tu es mon Dieu, mon créateur !

Ce disant, vous reconnaissez que votre présence ici-bas n'est pas le fruit du hasard, mais qu'elle procède de la volonté bonne et souveraine de Celui qui vous aime ; ce faisant, reconnaissant explicitement sa légitime paternité, il ne vous reste qu'un mot à prononcer : Abba, c'est-à-dire, mon père !

Un Dieu qui nous a créés avec amour, un Dieu qui nous connaît mieux que nous-mêmes, un Dieu qui nous a doté de merveilleuses facultés, un Dieu qui prend soin de nous, qui nous nourrit, qui nous parle et qui nous encourage comme un père, un Dieu qui veut nous élever jusqu'au firmament des cieux vers sa demeure éternelle sous son aile protectrice, tel est le Dieu de la Bible qui se présente à nous et nous appelle comme l'aigle appelle ses petits !

IV) le regard de l'enfant de Dieu

Le troisième regard que nous allons porter sur la métaphore de l'aigle est celui du chrétien en quête d'enseignements pour sa vie quotidienne.
Deux nouveaux textes viendront compléter ceux que nous avons déjà lus :

Psaumes 103 v 5 :
« C'est l'Eternel qui rassasie de biens ta vieillesse, qui te fait rajeunir comme l'aigle. »

Esaïe 40 v 31 :
« Ceux qui se confient en l'Eternel renouvellent leurs forces, ils prennent le vol comme l'aigle ; ils courent et ne se lassent point, ils marchent et ne se fatiguent point. »

Ces deux textes ont ceci en commun, c'est qu'ils nous donnent le remède pour lutter contre les méfaits de la fatigue, de la lassitude, du découragement et du vieillissement.
Bien évidemment, il s'agit là de notre santé morale et spirituelle qui, par parenthèse, n'est pas sans conséquences sur notre santé physique. Toutefois, si vous avez des rhumatismes ou de la tension artérielle, il est conseillé d'aller voir un médecin !

1) Une source de paix et d'énergie

Or, nous l'avons expérimenté, et certains plus que d'autres, la vie avec son cortège d'épreuves peut parfois perdre son attrait et devenir lourde à porter. On peut même sous son fardeau être encore jeune et néanmoins se sentir vieux. Le soleil n'a plus le même éclat, le rire des gens heureux est ressenti comme une blessure, le chant du rossignol paraît incongru dans un univers de grisaille, de morosité, de tristesse, de solitude, de sentiment d'inutilité, d'absence de perspective.

Un tel état s'il se prolonge et s'aggrave ne fait que révéler une pathologie qui peut affecter n'importe qui, que l'on soit chrétien, musulman, bouddhiste ou athée. La dépression nerveuse est apolitique et areligieuse. Lorsque le cerveau dysfonctionne, il faut alors le soigner.

Mais, hormis ce cas bien particulier, force nous est de reconnaître que certains moteurs de la vie venant à ralentir, il peut s'installer une forme de mal-être, d'apathie, de désabusement, d'isolement, d'incapacité à former des projets, de sentiment de perte de soi voire de crainte de l'avenir, autant d'états qui à l'époque du psalmiste stigmatisaient la vieillesse, et que l'on voit, tragiquement aujourd'hui, toucher même les adolescents.

Et c'est ici que les conseils de Dieu peuvent être salvateurs à une condition cependant qui nous est rappelée par Esaïe : « se confier en l'Eternel ! »

Voilà, cher lecteur et cher ami, que vous soyez jeunes ou vieux, le secret qui nous est dévoilé pour sortir de notre mal-être, de notre « cafard », de notre spleen, de notre blues, de notre abattement !

Ne vous sentez pas coupables pour autant car les plus grands hommes de Dieu ont connu ces épisodes malheureux. Souvenez-vous du prophète Elie au torrent de Kérith !

Se confier en l'Eternel, c'est en faire notre confident pour Lui dire nos joies et nos peines.

C'est se souvenir que même si la douleur nous submerge à un point tel que nous ne pouvons pas formuler de prière, son oreille est plus fine que celle de l'aigle et qu'Il entend le moindre de nos soupirs.

Tu es l'aiglon au bord du nid et tu as peur de te lancer, tends seulement l'oreille car le Seigneur n'est jamais loin et Il t'encourage.

Tu es comme l'aiglon dont la destinée est de voler, étends seulement les ailes de la foi et tu vas aussitôt ressentir les courants ascendants de l'Esprit, du souffle divin.

Ceux qui se confient en l'Eternel renouvellent leurs forces et ils prennent le vol comme l'aigle !

Comme nous l'avons appris, l'aigle porté par les courants bat peu souvent des ailes et donc se fatigue peu. Il en est de même du chrétien qui est porté par le souffle de Dieu.

2) Une source de jouvence

Psaumes 103 v 5 :
« C'est Lui qui rassasie de biens ta vieillesse, qui te fait rajeunir comme l'aigle ».

Une des caractéristiques de la vieillesse est un sentiment de solitude et d'inutilité.
La vie semble se rétrécir aux dimensions de la chambre ou du salon dont on s'éloigne de moins en moins. Les contacts avec l'extérieur sont de plus en plus rares. On a parfois même l'impression d'être oublié de ses enfants, de sa famille et même de son église !
Alors, il est temps de revenir à la métaphore de l'aigle par quelques brefs rappels :
- Comme pour l'aigle, Dieu nous a établis sur le sommet des monts, sur le rocher des siècles, sur Jésus-Christ, son Fils.
- Du haut de ce rocher, notre regard porte loin et peut entrevoir les portes d'or de la cité céleste.
- Du haut de ce promontoire, nous pouvons discerner les dangers et prévenir nos jeunes frères encore inexpérimentés.
- Nous pouvons même prendre soin des plus petits et leur donner la nourriture que nous aurons collectée tout au long de notre vie chrétienne.
- Et, si nous ne pouvons plus nous déplacer pour rencontrer nos frères, il nous reste la prière, ce puissant levier de la foi qui peut renverser des montagnes !
En agissant ainsi, nous nous serons donnés nous-mêmes et nous serons rassasiés de bonheur, car il y a plus de bonheur à donner qu'à recevoir.
Portés par les ailes de la foi et par la prière nous élargirons notre rayon d'action bien au-delà des 250 kilomètres de l'aigle. Nous irons en Russie, en Asie, en Amérique, en Afrique et partout où le Seigneur dirigera notre vol, et notre cœur ouvert aux autres sera rempli de la présence et de la paix de Dieu.
Et, c'est au cours de ces voyages en esprit et en prière que nous découvrirons que nous avons rajeuni comme l'aigle, que notre plumage s'est renouvelé et que notre œil a gardé tout son éclat et toute son acuité.

5) Conclusion

Que l'évocation de cette merveilleuse créature de Dieu, l'aquila chrysaëtos, l'aigle royal, oriente nos regards vers notre Créateur qui nous connaît et nous aime, vers notre Père qui prend soin de nous ! Que le Seigneur nous encourage à déployer les ailes de la foi en toutes circonstances et à nous laisser porter vers le royaume de la paix, de la joie, de l'amour, de la vie et de la jeunesse éternelle !

PARABOLE DE LA RUCHE

L'église locale, une communauté de vie

Aimez-vous les uns les autres ! Jean 13 v 34

NOTES PRELIMINAIRES

Dieu le créateur est un Dieu qui parle !
Il a parlé aux hommes, ses créatures, tout au long de leur histoire.
« Après avoir autrefois, à plusieurs reprises et de plusieurs manières, parlé à nos pères par les prophètes, Dieu, dans ces derniers temps, nous a parlé par le Fils, qu'il a établi héritier de toutes choses, par lequel il a aussi créé le monde. » **Hébreux 1v1.**

Ainsi, tout ce que nous connaissons de Dieu nous a été révélé par la Bible, Parole écrite et par son Fils, Jésus-Christ, Parole faite chair. Ce sont là les modes de révélation par excellence par lesquels avec l'éclairage de l'Esprit Saint, tout homme est en mesure de découvrir le chemin du salut.
« Je suis le chemin, la vérité et la vie » ; telles sont les paroles du Christ lui-même.

Pour autant, nous ne devons pas négliger un autre mode plus indirect de révélation qui découle de l'observation de la nature, laquelle témoigne de la grandeur de son génie créateur.
Cette révélation, dite «naturelle » est riche d'enseignements souvent mis en évidence par Jésus-Christ, lui-même, au travers de ses paraboles.

C'est cette démarche que nous avons suivie pour dégager des leçons spirituelles concernant la vie des chrétiens au sein de leur communauté locale. C'est ainsi qu'est né ce que nous avons appelé : la parabole de la ruche.

Notre vœu, cher lecteur, est que vous y trouviez autant de bénéfice que ce que nous en avons reçu en explorant le monde merveilleux des abeilles.

Par ailleurs, s'agissant de textes qui ont fait l'objet de prédications, nous en avons gardé le style oral pour conserver le mouvement dynamique de la phrase.

Enfin, dans un souci de clarté, nous avons pris soin de séparer la partie «sciences naturelles » de la partie exclusivement «spirituelle».

I

Le Christ, chef de l'Eglise.

Textes bibliques :

Jean ch 13 v 35 : « A ceci, tous connaîtront que vous êtes mes disciples, si vous avez de l'amour les uns pour les autres. »

Ephésiens ch 2 v 10 : « Nous sommes son ouvrage, ayant été créés en Jésus-Christ pour de bonnes œuvres, que Dieu a préparées d'avance, afin que nous les pratiquions. »

1 Corinthiens ch 12 v 27 : « Vous êtes le corps de Christ, et vous êtes ses membres, chacun pour sa part. »

1 Timothée ch 1 v 17 : « Au roi des siècles, immortel, invisible, seul Dieu, soient honneur et gloire, aux siècles des siècles ! Amen ! »

Les textes que vous venez de lire vous auront probablement donné une idée de la teneur de la série de méditations que nous allons partager.
Il s'agit bien, en effet, d'examiner ensemble quelques principes qui régissent la vie communautaire chrétienne.
Pour nous en faciliter la compréhension et la mémorisation, nous nous instruirons d'une de ces paraboles que nous offre la nature.
A cet égard, je me dois de vous rappeler que ce type d'allégorie, souvent utilisée par Jésus pour enseigner des vérités importantes en faisant appel à la comparaison – souvenez-vous de sa formule : « le royaume de cieux est semblable à… » - doit être appréhendé avec prudence et discernement.

En effet, toute image, aussi pertinente soit-elle, a des limites qu'il convient de discerner et de respecter afin de ne pas tomber dans les pièges d'extrapolations hasardeuses portant atteinte à la pensée de son auteur et donc à la vérité.

Venons-en à notre parabole !

Si je vous cite les noms de Langstroth et de Dadant, je suis sûr que cela n'évoque rien pour vous, à moins que vous ne soyez experts en la matière.
Si j'évoque, pour vous mettre sur la voie, les mots barbares bien que scientifiques d'hyménoptères, d'apoïdéa, d'apidae et pour finir d'apis mellifera, j'ai le sentiment d'avoir piqué quelque peu votre curiosité et réveillé chez certains quelques souvenirs urticants !
Et, comme vous brûlez d'impatience, je vous livre sans plus tarder l'objet de votre intérêt : la ruche et ses habitantes, les abeilles !
Langstroth , l'américain et Dadant, le français étant les concepteurs des modèles de ruches les plus utilisées.
Les hyménoptères étant l'un des 32 ordres des insectes, les apoïdéa étant une des super- famille du groupe des apocrites aculéates, les apidae, une famille qui comporte 4 espèces dont l'apis mellifera d'où est issue l'apis mellifera mellifera, abeille bien connue de nos régions.
Pourquoi avoir choisi la vie des abeilles sinon en raison des multiples leçons spirituelles que l'on peut tirer de leur organisation sociale, de leur répartition des tâches, de leurs modes de communication, de leurs moyens de lutte contre les ennemis et de leur rôle écologique.
Il est donc temps de rentrer dans le vif du sujet et de vous présenter les habitants de cet HLM qu'est la ruche ; HLM pour « habitation à loyer mellifère » si vous me permettez ce néologisme.
Sachez tout d'abord, que chaque ruche abrite de 10000 à 60000 abeilles toutes issues de la même reine. Cohabitent avec cette abeille-reine au statut particulier, les abeilles ouvrières et les faux-bourdons ou abeillauds.
Ces faux-bourdons constituent la gent masculine de cet immense harem qui ne l'est qu'en apparence car, dans la réalité, seul un petit nombre s'accouplera avec la reine avant de mourir sitôt après, tandis que les centaines d'autres seront chassés par les ouvrières à la fin de la saison mellifère sauf en cas d'essaimage.

Je vous invite, maintenant, à pénétrer au cœur de la ruche pour y butiner ici et là les leçons spirituelles les plus pertinentes.

1) la reine, mère de la colonie :

Ainsi, en tout bien tout honneur, il m'appartient de vous présenter la reine sans laquelle toute colonie est appelée à disparaître. Ce qualificatif de « reine » lui est légitimement attribué pour les multiples raisons que nous allons évoquer.
- Elle est la seule abeille parfaite et achevée de la colonie car dotée d'un appareil génital complètement développé et susceptible d'être fécondé. On la reconnaît entre autres par sa morphologie à l'abdomen plus long que les ouvrières.
C'est au cours d'un vol nuptial qu'à l'âge de 5 ou 6 jours elle va s'accoupler avec plusieurs mâles des environs et remplir sa spermathèque (diversité génétique).
Dès lors, fécondée pour toute sa vie qui dure entre 4 à 5 ans, elle va pondre nuit et jour environ 1500 œufs par 24 heures !
- Elle est donc **la mère** de toute la colonie.
- Elle assure donc la reproduction de l'espèce.

Si l'on compare sa durée de vie à celle des ouvrières qui ne dépasse pas 5 à 6 semaines dans le meilleur des cas, on peut dire qu'elle fait preuve d'une longévité sans commune mesure.

Mais ici se pose à nous la question suivante :
« Quel est le facteur fondamental qui a permis à un œuf de devenir abeille-reine et non pas abeille-ouvrière ? »
Tout simplement parce que durant tout le cycle de sa vie qui passe par la métamorphose de l'œuf en larve, puis en nymphe, puis en imago et enfin en abeille, elle a été nourrie avec de la gelée royale, privilège dont n'ont bénéficié les autres que durant 3 jours seulement.
La fameuse **gelée royale** dont on vante les bienfaits rajeunissants pour l'espèce humaine n'a rien à voir avec le miel.
Il s'agit d'une substance organique blanche, nacrée et gélatineuse, chaude, légèrement acide, produite par la sécrétion du système glandulaire céphalique des abeilles entre le 5° et le 14° jour de leur

existence, ce qui fait d'elles pendant cette période des abeilles nourricières.

Tout est donc dans la nature et le caractère unique de cet aliment exceptionnel qui concentre en lui toutes les vertus capables de permettre un développement total de la larve pour en faire une abeille parfaite.

2) Le Christ, roi de l'univers et chef de l'Eglise :

A ce stade de notre découverte, permettez-moi d'orienter vos regards vers cette autre communauté qu'est le genre humain pour nous focaliser sur celui qui, à l'instar de l'abeille-reine, en est le Roi.
Il s'agit bien, en effet, de Jésus-Christ, l'homme parfait.

- Sa royauté a ceci de particulier qu'il ne la tient pas d'une élection humaine, mais d'une élection divine promulguée de toute éternité.

Le psalmiste (Psaumes 2v 6-7) n'avait-il pas rapporté ces paroles de l'Eternel Dieu :

« C'est moi qui ai oint mon roi sur Sion, ma montagne sainte ! Je publierai le décret : L'Eternel m'a dit : Tu es mon fils, je t'ai engendré aujourd'hui. »

Ou encore, (Psaumes 110 v1) :

« Parole de l'Eternel à mon Seigneur : Assieds-toi à ma droite jusqu'à ce que je fasse de tes ennemis mon marchepied. L'Eternel étendra de Sion le sceptre de ta puissance. »

Certes, il est vrai qu'aux Rameaux, la foule des Juifs l'acclama en criant : (Marc21v 9)

« Hosanna au fils de David ! Béni celui qui vient au nom du Seigneur ! Hosanna dans les lieux très hauts ! ».

Cependant, nous savons que ces clameurs joyeuses allaient bientôt céder la place aux cris de haine de « crucifie, crucifie !» envers ce même Jésus, cloué sur une croix, portant un écriteau sur lequel était inscrite en hébreu, en grec et en latin cette formule :
« Jésus de Nazareth, roi des Juifs. »

Fugace royauté que celle offerte par les hommes qui n'ont pas reconnu en ce Jésus, le Seigneur, le fils du Dieu Très-Haut, celui qui règne éternellement sur tout ce qui vit.
L'ange n'avait-il pas dit à Marie (Luc 1v 28 à 34) :

« Il sera grand et sera appelé fils du Très-Haut et le Seigneur lui donnera le trône de David, son père. Il règnera sur la maison de Jacob éternellement et son règne n'aura point de fin. »

Mais, c'est dans l'Apocalypse que l'apôtre Jean nous dévoilera la révélation la plus grandiose et la plus lumineuse sur la personne de Jésus-Christ.
Apocalypse 1 v 4 :

« Que la grâce et la paix vous soient données de la part de celui qui est, qui était et qui vient, de la part des 7 esprits qui sont devant son trône et de la part de Jésus-Christ, le témoin fidèle, le premier-né des morts et le prince des rois de la terre. »

Et encore : Apocalypse 11 v 15 :
« Le 7° ange sonna de la trompette et il y eut dans le ciel des voix fortes qui disaient : le royaume du monde est remis à votre Seigneur et à son Christ ; et il règnera aux siècles des siècles. »

Voilà, chers amis, celui qui est le Roi, roi de l'univers mais aussi chef de l'Eglise et chef suprême de toute communauté qui se veut sa servante !
L'abeille-reine vit 40 fois plus longtemps que ses sœurs ouvrières, notre roi porte un nom glorieux, celui de : l'Eternel !

3) La reine, abeille achevée ; le Christ, l'homme parfait :

Le second point qui a retenu mon attention concerne le caractère abouti de la reine dont le développement a été mené à son terme, faisant d'elle le type même de l'abeille parfaite capable de donner naissance à d'autres abeilles.
Vous l'avez compris, ceci nous renvoie à la perfection de Jésus-Christ telle qu'il l'a vécue dans sa condition humaine et telle qu'ont pu la constater ses contemporains.
De fait, Jésus-Christ, le Fils de Dieu a incarné la perfection dans tous ces domaines d'expression morale, spirituelle et comportementale.
Il est le type même de l'homme parfait, le seul modèle qui soit digne d'être imité.

Hébreux 4v 15 :
« Il a été tenté comme nous en toutes choses sans commettre de péchés. »
Ephésiens 4v 9 à 15 :
« Il a donné les uns comme apôtres, les autres comme prophètes...pour le perfectionnement des saints...jusqu'à ce que nous soyons parvenus...à l'état d'hommes faits, à la mesure de la stature parfaite de Christ. »
1 Pierre 2v 21 :
« Christ a aussi souffert pour vous, vous laissant un exemple afin que vous suiviez ses traces, Lui qui n'a point commis de péché et dans la bouche duquel il ne s'est point trouvé de fraude. »
2 Corinthiens 5v 21 :
« Celui qui n'a point connu de péché, Il l'a fait devenir péché pour nous, afin que nous devenions en Lui, justice de Dieu. »

C'est cette pureté et cet éclat diamantaire, irradiant la lumière divine jusque dans la plus intime partie de son être, qui ont suscité de la part des ténèbres une opposition forcenée envers le Fils de Dieu, descendu parmi les hommes.

Sa perfection, il la possédait comme un héritage précieux car inscrite dans sa nature divine.

Nourri de toute éternité de la substance même de l'amour divin, véritable gelée royale aux vertus sans pareilles, Jésus-Christ, en son état d'humanité semblable au nôtre, devra, cependant, mener un véritable combat spirituel pour résister aux mêmes sollicitations que les nôtres, sans céder un seul instant aux subtiles suggestions de l'Adversaire.
Souvenez-vous des tentations auxquelles il fut soumis au désert !

Quel fut donc le secret de sa victoire dans un combat qui, à vues humaines, pouvait sembler perdu d'avance ?

Jésus lui-même nous le révèle lorsqu'il le livre à ses disciples.
Jean 4 v 31,34 :
« J'ai à manger une nourriture que vous ne connaissez pas…Ma nourriture est de faire la volonté de celui qui m'a envoyé et d'accomplir son œuvre. »

Faire la volonté de son Père, autrement dit, s'en référer sans cesse à ce qu'il veut, à ce qu'il dit, à sa Parole sainte et vraie.
N'est-ce pas à elle qu'il en appela pour répondre à Satan au désert, lui rappelant implicitement la souveraineté et la toute-puissance de Dieu ?
Souvenez-vous quelles furent les réponses de Jésus : il est écrit, il est écrit, il est dit !

Ainsi, Jésus-Christ, lui-même, va puiser ses ressources spirituelles et chercher sa nourriture là où il sait qu'aucun ferment délétère, qu'aucune bactérie nocive n'aura semé sa pollution.
D'une part, il se nourrit de la Parole écrite dans les Saintes Ecritures, d'autre part, il s'entretient en permanence avec son Père par la prière.
Telle est la nourriture, la gelée royale qui lui permit de rester « parfait », qui lui permit d'accomplir à la perfection la volonté de son Père jusqu'à offrir son corps et sa vie pour prix de rachat de chacun de nous !
Dès lors pouvait-il nous laisser cet immense message, cette extraordinaire nouvelle :
 Jean 6 v58 :

« C'est ici le pain descendu du ciel. Il n'en est pas comme vos pères qui ont mangé la manne dans le désert et qui sont morts ; celui qui mange ce pain vivra éternellement ! »

Dès lors, nous, ses rachetés, nous découvrons avec émerveillement qu'en Jésus, Parole divine incarnée, nous avons part à notre gelée royale, en d'autres termes, à notre pain de vie !

4) l'abeille ouvrière inachevée ; l'homme naturel imparfait :

Je vous invite maintenant à faire un bref retour vers notre ruche bourdonnante pour rejoindre notre reine tout occupée à pondre ses œufs à la chaîne, tandis que les nourrices distribuent la gelée royale aux larves de moins de 3 jours, qu'un mélange de miel et de pollen est offert aux plus âgées et que les faux-bourdons maintiennent au chaud grâce à leur métabolisme particulier, l'ensemble du couvain.
Nous venons de le voir et nous le rappelons, la reine est bien la mère de la colonie et c'est elle qui reproduit l'espèce.
Toutefois, souvenons-nous que ses descendantes sont imparfaites, inachevées, inaptes à la fécondation car nourries principalement dans leur forme larvaire avec du miel et du pollen.
Son seul espoir de voir sa descendance assurée réside dans l'alimentation à la gelée royale de quelques œufs déposés dans des alvéoles dites royales en raison de leur forme arrondie et non hexagonale.
Encore faut-il savoir que la première éclose se hâtera de tuer celles qui naîtront après elle !
En d'autres termes, la descendance royale se résume à un seul exemplaire, ce qui explique les soins apportés à sa protection pour la survie de l'espèce.
Il est intéressant de noter ici le caractère irréversible lié à l'état reçu à la naissance :
ouvrière elle naît, ouvrière elle restera, ouvrière elle mourra !

Ces quelques observations nous conduisent naturellement à établir une comparaison entre l'état d'imperfection et d'inachèvement des abeilles « ouvrières » et la condition d'incomplétude, de stérilité spirituelle, d'imperfection et d'éphémérité du genre humain.

Le premier Adam, ayant préféré à la gelée royale dont il était nourri au contact permanent de son créateur, le miel et le pollen qui aiguisaient ses appétits, faisant fi de l'interdiction divine, scella lui-même son sort et celui de sa descendance, en découvrant les effets délétères d'une telle nourriture qui le faisait déchoir à l'état de pécheur.

Dès lors, asservi à ses instincts, le voici désormais voué, non seulement à la mort physique mais, de façon infiniment plus tragique à la mort spirituelle, éternellement privé du contact essentiel avec son créateur, sa seule véritable nourriture royale, éternellement écarté des bienfaits vivifiants d'un dialogue articulé autour des mots partage, harmonie, amour et vie éternelle !

Cette déchéance nous est décrite par l'apôtre Paul dans sa lettre aux Romains ch 3 v10 à 12 ,18, 23:

« Il n'y a point de juste, pas même un seul ; nul n'est intelligent, nul ne cherche Dieu ; tous sont égarés, tous sont pervertis ; il n'en est aucun qui fasse le bien, pas même un seul….la crainte de Dieu n'est pas devant leurs yeux….car tous ont péché et sont privés de la gloire de Dieu. »

ch 1 v 20-21 :

« Ils sont donc inexcusables puisque, ayant connu Dieu, ils ne Lui ont point rendu grâces mais ils se sont égarés dans leurs pensées et leur cœur sans intelligence a été plongé dans les ténèbres. »

L'apôtre Paul poursuit sa description sinistre de l'état de dégénérescence de l'humanité, scandée par les tristes mots que l'actualité télévisée distille à foison : injustice, méchanceté, cupidité, malice, envie, meurtre, querelle, ruse, malignité, calomnie, médisance, impiété, arrogance, rébellion aux parents, absence de loyauté, d'affection naturelle, de miséricorde !

Telle est la vision effrayante et douloureuse que nous offre l'observation quotidienne de cette ruche bruissante que constitue notre planète dite bleue !

Devant un tel spectacle de désolation, de grandes questions se posent à nous, humains .

- Le sort de l'humanité est-il scellé à jamais en cet état quasi infernal où rivalisent les plus bas instincts pour asseoir leurs pouvoirs ?
- L'homme à l'instar de l'abeille-ouvrière, est-il inexorablement voué à ses allers-retours entre sa ruche et sa source de nectar jusqu'à ce que mort s'ensuive ?
- N'y a-t-il aucune possibilité de réversibilité à son état de faiblesse, de péché et de mort ?
- N'y a-t-il pas au fond de sa conscience une image, certes floue, mais qui lui rappelle sa filiation avec son divin créateur, ou comme un écho de la voix de Dieu auquel l'apôtre Paul fait référence lorsqu'il s'adresse aux Athéniens dans Actes ch 17 v 23, 27 ?

« Hommes Athéniens, je vous trouve à tous égards extrêmement religieux car en parcourant votre ville et en considérant les objets de votre dévotion, j'ai même découvert un autel avec cette inscription : à un dieu inconnu !.....Ce Dieu qui a fait le monde a voulu que les hommes cherchent le Seigneur et qu'ils s'efforcent de le trouver en tâtonnant....car en lui nous avons le mouvement, la vie et l'être. C'est ce qu'on dit aussi quelques-uns de vos poètes : de lui nous sommes la race....ainsi donc, étant de la race de Dieu nous ne devons pas croire que la divinité soit semblable à de l'or, de l'argent ou de la pierre ! »

Tragique condition humaine où se côtoient les aspirations les plus élevées vers la transcendance et les sollicitations les plus bassement matérialistes !
Aspirations spirituelles dont les multiples formes religieuses manifestent les légitimes préoccupations de l'âme mais qui, dans les objets d'adoration qu'elle se créé, exprime son refus coupable d'orienter ses regards vers Celui qui est la source de toute vie !

5) Jésus-Christ : un nom qui peut changer la vie !

C'est à ce point de notre réflexion que je vous invite à revenir à notre abeille-reine qui se distingue des ouvrières par son état de perfection et d'achèvement.
En utilisant cette image, nous avons rappelé que Jésus-Christ est de toute éternité roi de l'univers, même si cette royauté lui est contestée par les hommes, mais aussi qu'Il a exprimé dans son humanité la

perfection la plus absolue, faisant de lui le parangon de toutes les vertus, autrement dit, l'idéal du beau, du vrai et du juste, l'excellence en matière morale et spirituelle.

Dès lors, notre cœur, saisi par une telle plénitude de vie, n'aspire-t-il pas de toutes ses fibres à être libéré de toutes ses servitudes pour être entraîné dans la dynamique d'amour de cet être hors du commun qui l'exprima jusqu'à son comble en donnant sa vie pour ses frères en humanité ?

Immense mystère que celui de l'Amour divin incarné, qui voit le roi de l'univers, le créateur prendre la forme de ses créatures et offrir sa vie en sacrifice pour leur salut éternel !

Expression sublime d'un amour parfait et total qui, dans l'anticipation de sa tragique mais salvatrice réalisation, fera dire à son auteur ces paroles qu'aucune oreille n'avait entendu à ce jour :

Jean ch 11 v 25 :

« Je suis la résurrection et la vie. Celui qui croit en moi vivra, quand même il serait mort et quiconque croit en moi ne mourra jamais ! »

Jean ch 10 v 11, 15, 27 :

« Je suis le bon berger. Le bon berger donne sa vie pour ses brebis…je donne ma vie pour mes brebis….mes brebis entendent ma voix, je les connais et elles me suivent. Je leur donne la vie éternelle et elles ne périront jamais et personne ne les ravira de ma main. »

Tel est, chers amis, l'immense bonne nouvelle qui vient combler nos aspirations au-delà de toute espérance !

Réjouissez-vous, habitants de la terre, une ère nouvelle vient de s'ouvrir pour vous !

Désormais, votre destinée peut se parer de nouveaux feux, des feux rayonnants de l'amour divin que Jésus-Christ, le Fils de Dieu, veut verser en abondance dans vos cœurs assoiffés de justice, de vérité et de vie !

6) Jésus-Christ, le père d'une génération nouvelle :

Or, voici qu'à l'instar de la reine qui, en raison de sa perfection est à même de donner naissance à une immense colonie, Jésus-Christ, le Prince de la vie est appelé à engendrer une nombreuse postérité.
Esaïe le prophète, se fait l'écho des divins oracles, confirmant les promesses antérieures, par ces paroles sans équivoque évoquant la personne de Jésus-Christ dans son chapitre 53 v10 :

« Après avoir livré sa vie en sacrifice pour le péché, il verra sa postérité et prolongera ses jours ; et l'œuvre de l'Eternel prospèrera entre ses mains. »

Quelle est donc cette postérité qu'annonce le prophète, présentée comme la descendance de celui qu'il décrit en ces termes au verset 12 du même chapitre ?

« Il s'est livré lui-même à la mort, il a été mis au nombre des malfaiteurs parce qu'il a porté le péché de beaucoup d'hommes et qu'il a intercédé pour les coupables. »

Ce même prophète nous la définit ainsi au chapitre 62 v 12 :

« On les appellera peuple saint, rachetés de l'Eternel. »

Rachetés de l'Eternel !
Vocable lumineux qui évoque la libération miraculeuse autant qu'inespérée de l'esclavage du péché et de la mort, d'une humanité recluse dans sa mortelle cécité sur son état spirituel et sur ses dramatiques conséquences.
Rachetés de l'Eternel !
Parole émancipatrice dont les auteurs des épîtres se firent les échos pour en développer les immenses vertus.
Ecoutons l'apôtre Paul s'adressant aux Corinthiens : 1 Cor ch 6 v 20 :

« Ne savez-vous pas que votre corps est le temple du Saint-Esprit qui est en vous, que vous avez reçu de Dieu et que vous ne vous appartenez plus à vous-mêmes car vous avez été rachetés à un grand prix ? »

Puis aux Galates ch 3 v 13, ch 4 v4 :

« Christ nous a rachetés de la malédiction de la loi …..Dieu a envoyé son Fils, né d'une femme, né sous la loi, afin qu'il rachète ceux qui étaient sous la loi…afin que nous recevions l'adoption….Ainsi, tu n'es plus esclave mais fils ; et si tu es fils, tu es aussi héritier par la grâce de Dieu. »

Enfin à Tite chapitre 2 v 14 :

« Notre sauveur Jésus-Christ s'est donné lui-même pour nous, afin de nous racheter de toute iniquité et de se faire un peuple qui lui appartienne, purifié par lui et zélé pour les bonnes œuvres. »

Rachetés de l'Eternel, non par de l'or ou de l'argent, mais par le sang précieux de Christ selon les paroles de Pierre (1 Pi 1 v 19), libérés de la malédiction de la loi, purifiés par son sang, enfants de Dieu par adoption, devenus ses fils et ses héritiers, habités par le Saint-Esprit, promis à la vie éternelle !
Telles sont, chers amis, les bénédictions divines offertes à ceux qui reconnaissent en Jésus-Christ, non seulement le roi de l'univers mais aussi le sauveur que Dieu leur a envoyé pour régner sur leur vie.
Pouvons-nous rester aveugles et sourds devant une offre aussi généreuse et riche de promesse ?

Alors que le sort des abeilles-ouvrières est scellé de façon irréversible, voici que la providence divine nous offre à nous pécheurs, de pouvoir briser les chaînes qui nous retiennent en cet état d'esclavage, et d'être introduits dans la communauté d'amour de de vie éternelle des rachetés de Jésus-Christ !

A ceux qui parmi vous ont déjà découvert les bienfaits de cette nouvelle filiation, je ne puis que vous exhorter à laisser vos cœurs exulter de joie et de reconnaissance.

A ceux qui ont faim et soif de vérité et qui désirent que leur vie prenne une dimension nouvelle, alors je vous invite expressément à dire oui à celui qui vous dit en ce moment même :

« Je suis le chemin, la vérité, la vie, nul ne vient au Père que par moi. » Jean 14v6

« Je suis le pain de vie. Celui qui vient à moi n'aura jamais faim, et celui qui croit en moi, n'aura jamais soif. » Jean 6v35

« Je suis le pain vivant qui est descendu du ciel. Si quelqu'un mange de ce pain, il vivra éternellement. » Jean6v51

« **En vérité en vérité, je vous le dis, celui qui croit en moi, a la vie éternelle.** » Jean 6v 47

A Lui seul soit la gloire aux siècles des siècles ! Amen !

II

Les chrétiens au service de l'église

Textes bibliques :

Ephésiens ch 1 v 22 : « Dieu a donné Jésus comme chef de l'église. »

Ephésiens ch 4 v 11 à 16 : « Il a donné les uns comme apôtres, les autres comme prophètes, les autres comme évangélistes, les autres comme pasteurs et docteurs, pour le perfectionnement des saints en vue de l'œuvre du ministère et de l'édification du corps de Christ…..afin que nous croissions à tous égards en celui qui est le chef, Christ. »

2 Timothée ch 3 v 16 : « toute Ecriture est inspirée de Dieu et utile…..afin que l'homme de Dieu soit accompli et propre à toute bonne œuvre. »

1 Corinthiens ch 3 v 9 : « Nous sommes ouvriers avec Dieu. »

Les textes que nous venons de lire nous plongent directement au cœur même de notre sujet.
Vous l'avez bien compris, il s'agit, en effet, du service chrétien.
Je vous propose de reprendre nos allers-retours entre l'image de la ruche et les textes bibliques pour en illustrer les enseignements.
Mais, auparavant, permettez-moi de revenir quelques instants sur ce qui a fait l'objet de notre précédente réflexion avant de pénétrer plus profondément dans ce royaume merveilleux de l'apis mellifera mellifera, autrement dit, de l'abeille noire.
Je suis sûr qu'après cette incursion dans la ruche, vous pourrez dire que vous en connaissez un rayon !

1) Rappels utiles :

Notre précédent propos nous a permis de découvrir le personnage central de la colonie, celui qui est l'objet des soins les plus attentifs, celui qui perpétue l'espèce, j'ai nommé l'abeille-reine ! Seule abeille parfaite car totalement développée en raison de son régime alimentaire spécifique, la gelée royale, elle porte en soi tous les espoirs de perpétuation de l'espèce.
Seulement voilà, sa progéniture est constituée d'abeilles atrophiées, stériles, infécondables, d'une durée de vie limitée à quelques semaines en raison de leur alimentation faite de nectar et de pollen, matière d'origine végétale et non organique.
Tel est le destin de ces abeilles-ouvrières auxquelles rien ni personne ne peut apporter un espoir de changement !
L'abeille-reine, malgré son potentiel vital – elle pond 1500 œufs par 24 heures pendant 4 ou 5 ans – est donc une reine au pouvoir limité sur un royaume éphémère !

Tout ceci nous a conduit à évoquer la figure de Jésus-Christ, de ce personnage hors du commun car possédant à la fois les attributs divins et les attributs humains.
Son destin extraordinaire nous le situe hors de notre temps et dans notre temps, hors de notre espace et dans notre espace.
Hors de notre temps et de notre espace, il règne sur l'univers qu'il a créé. Il règne sur tout ce qui vit, sur la nature comme sur les humains.
Dans notre temps et dans notre espace, par son incarnation qui le vit prendre forme humaine, il régna sur les puissances du mal qui l'assaillaient dans sa chair et dans son âme sans céder un instant à la moindre tentation. Et, lorsque cloué sur la croix de l'infamie et de la souffrance la plus vertigineuse, il est élevé et offert à la haine des hommes, il ne perd rien de sa royale noblesse mais la porte au firmament en implorant le pardon de son Père céleste sur ceux-là mêmes pour lesquels il meurt, pour vous, pour moi !
Dans notre temps et dans notre espace, hors de notre temps et hors de notre espace !
Entre ces deux mondes séparés par des « années lumière », un chemin va être frayé, une voie royale ouverte à tous par le roi lui-même , Jésus-Christ, auquel Pilate avait attribué le titre de Roi des Juifs.

Car en effet, ce roi méprisé couronné d'épines va ressurgir de la mort et se lever, plus vivant que jamais, plus royal que jamais sous les traits lumineux du ressuscité avant d'être élevé dans les cieux et siéger éternellement à la droite du Père !

Dans notre temps et dans notre espace, enfin ! Car c'est dans le cœur des hommes qu'il veut désormais établir son règne. Non pas un règne physique imposé par la force, mais un règne spirituel de paix et d'amour, gracieusement offert, librement accepté !

Car, c'est ici et maintenant, qu'est donné à chaque homme qui se reconnaît pécheur et perdu, la formidable faculté de devenir enfant de Dieu, racheté de Jésus-Christ, appelé à inscrire sa vie dans ce processus révolutionnaire de la renaissance et de la résurrection !

Car c'est bien le grand roi de l'univers qui, dans son immense amour, nous appelle encore aujourd'hui à bénéficier de son inestimable hospitalité.

Ses mains percées, évoquant ses souffrances endurées pour notre salut, se tendent vers nous pour nous dire ces paroles d'accueil :

Apocalypse ch 3 v 20 : « Voici, je me tiens à la porte et je frappe. Si quelqu'un entend ma voix et ouvre la porte, j'entrerai chez lui, je souperai avec lui et lui avec moi. »

Le cercle infernal du péché et du mal dont le prix à payer porte le nom lugubre de « mort éternelle » est désormais brisé pour tous ceux qui reconnaissent en Jésus-Christ, descendu des cieux pour satisfaire la justice divine en mourant sur la croix du Calvaire, leur sauveur et leur maître, leur Dieu.

Désormais, ils se savent rachetés, pardonnés et ils ont reçu dans leur cœur l'assurance de leur salut, par le témoignage même du Christ-Roi qui a versé en eux son Esprit de vie.

Ensemble, ces rachetés constituent un nouveau corps qui porte le nom d'Eglise, sur laquelle règne à jamais son chef, Jésus-Christ lui-même.

2) La ruche et ses ouvrières :

C'est donc sous cet angle-là que je vous propose maintenant de découvrir et d'observer la vie de la ruche et plus particulièrement celle des « abeilles ouvrières », comme image de l'Eglise.

Nous porterons notre attention sur un premier élément qui les caractérise à savoir, les activités auxquelles elles s'adonnent.
Le terme même de ruche est évocateur d'intense activité !
Ne dit-on pas en effet, en parlant d'un atelier ou d'une usine : c'est une véritable ruche !
On imagine alors chaque ouvrier à son poste, affairé à sa tâche !
Il faut dire que l'image est bien choisie et les abeilles n'ont pas attendu Messieurs Ford et Taylor, concepteurs de l'organisation scientifique du travail, pour apprendre à se répartir les tâches et découvrir la notion de rendement !
Jugez-en plutôt !
A chaque âge de sa vie qui dure de 5 à 6 semaines, une ouvrière va occuper successivement différents postes de travail.
- 24 heures après sa naissance, elle va être nettoyeuse des alvéoles libérées par les éclosions.
- A partir du 4° jour, elle devient nourrice des larves âgées. Au 6° jour, elle nourrit les jeunes larves avec sa gelée royale qu'elle est alors capable de régurgiter.
- Du 10° au 18° jour, elle est travailleuse d'intérieur :
    - magasinière, elle met en réserve pollen et nectar ;
    - ventileuse, elle contribue à l'évaporation de l'eau du nectar qui se transforme en miel ;
    - maçonne, elle opercule les alvéoles ;
    - « bonne à tout faire », elle nettoie, expulse les corps étrangers, les individus morts ou mal formés, elle calfeutre les fentes avec la résine récoltée sur certains bourgeons appelée, la propolis.
Dans le même temps, elle apprend à s'orienter à l'extérieur et à retrouver sa colonie.
- Dès le 18° jour, elle est gardienne et rappeleuse. Elle défend l'entrée de la ruche et expulse les mâles inutiles. Grâce aux glandes de Nassanov, elle émet des phéromones (odeurs) à destination des jeunes abeilles en signe de reconnaissance. C'est aussi à cet âge qu'elle soigne et nourrit la reine.
- A partir du 20° jour, elle devient butineuse et ceci jusqu'à sa mort, récoltant nectar et pollen qu'elle transporte dans son jabot. Sachez qu'il lui faudra butiner 5.500.000 fleurs pour récolter un kilo de miel !

De retour à la ruche, elle confie sa récolte à une magasinière et indique par ses danses la direction et la distance de sa zone de butinage.
- Au 21° jour, capable de secréter de la cire qu'elle malaxe, elle devient cirière et travaille en groupe à l'édification de nouveaux alvéoles.

Quelle belle illustration qui vient alimenter à propos notre réflexion sur la vie de l'église locale et sur les tâches que le Seigneur lui a assignées !

Comme nous l'avons dit, l'abeille-reine constitue le pôle central de la colonie.
Tout ce qui va être entrepris et mis en œuvre le sera instinctivement dans le seul but d'assurer son bien-être et sa protection, et, dans le même temps, de préserver sa descendance. Tout semble se passer comme si chaque abeille et chaque abeillaud était conscient de sa filiation avec la reine. En réalité, ce phénomène s'explique par ce que Conrad Lorenz appelle « l'imprégnation précoce ».
En l'occurrence, il s'agit ici de l'imprégnation des phéromones de la reine, sur les mécanismes desquels nous reviendrons plus tard. Toujours est-il que chaque colonie se distingue des autres par les odeurs qu'elle véhicule et qui signent son identité propre qu'elle tire de sa reine.

3) L'église locale et ses membres-ouvriers :

Il nous est aisé, à ce stade là, d'établir une comparaison entre les relations organiques de la reine et des abeilles et les relations spirituelles entre le Christ et les chrétiens.

Le terme même de chrétien, utilisé pour la première fois à Antioche pour désigner les disciples du Christ, établit un lien direct de filiation spirituelle avec ce dernier.
Cette filiation est acquise par la foi et nous est rappelée à plusieurs reprises par les Ecritures.

1 Jean ch 5 v 1 : « Quiconque croit que Jésus est le Christ est né de Dieu et quiconque aime celui qui l'a engendré aime aussi celui qui est né de lui. »

Jésus-Christ lui-même, fait état de cet engendrement spirituel lorsqu'il dit à Nicodème dans Jean ch 3 v 7 :
« Si un homme ne naît d'eau et d'esprit, il ne peut entrer dans le royaume de Dieu. Ce qui est né de la chair est chair et ce qui est né de l'Esprit est Esprit. Ne t étonne pas que je t'ai dit : il faut que vous naissiez de nouveau (ou d'en-haut) ! »

C'est donc cette génération d'hommes et de femmes, nés de nouveau par l'action de l'Esprit Saint, nés de Dieu par la foi qu'ils ont mise en Jésus-Christ, rachetés au prix inestimable de sa vie, qui constituent une nouvelle communauté de vie, un nouveau corps social dont Christ est la tête, à savoir la source, l'origine en même temps que le chef.
L'apôtre Paul se fait le propagateur ardent et passionné de cette réalité terrestre et céleste dont il a eu la révélation au travers d'une expérience spirituelle qui marqua toute sa vie et tout son enseignement.
C'est ainsi que nous lui devons de nombreux textes sur la relation entre l'Eglise, corps de Christ et son chef, Jésus-Christ lui-même.

Romains ch 12 v 5 : « nous, qui sommes plusieurs, nous formons un seul corps en Christ et nous sommes tous membres les uns des autres. »

1 Corinthiens ch 12 v 20, 27 : « Maintenant donc, il y a plusieurs membres et un seul corps...
vous êtes le corps de Christ, et vous êtes ses membres, chacun pour sa part. »

Ephésiens ch 1 v 23 : « Le Dieu de notre Seigneur Jésus-Christ l'a donné pour chef suprême à l'Eglise qui est son corps, la plénitude de celui qui remplit tout en tous. »

Ephésiens ch 4v 4 : « Il y a un seul corps et un seul Esprit. »

Colossiens ch 1 v 12 à 20 : « Rendons grâces au Père, qui vous a rendus capables d'avoir part à l'héritage des saints dans la lumière, qui nous a délivrés de la puissance des ténèbres et nous a transportés dans le royaume du fils de son amour, en qui nous avons la rédemption, la rémission des péchés.
Il est l'image du Dieu invisible, le premier par la naissance (le rang) de toute la création.
Car en lui ont été crées toutes les choses qui sont dans les cieux et sur la terre, les visibles et les invisibles, trônes, dignités, dominations, autorités.
Tout a été créé par lui et pour lui. Il est avant toutes choses et toutes choses subsistent en lui.
Il est la tête du corps de l'Eglise ; il est le commencement, le premier-né d'entre les morts afin d'être en tout le premier. Car Dieu a voulu que toute la plénitude habitât en lui ; Il a voulu, par lui, réconcilier tout avec lui-même, tant ce qui est sur la terre que ce qui est dans les cieux, en faisant la paix par lui, par le sang de la croix. »

Voilà, chers lecteurs, celui qui est le chef de l'Eglise, le seul chef de chaque église locale, le seul qui puisse légitimement en revendiquer la paternité en ces termes chargés d'émotion :
« Vous êtes mon Eglise ! » « Vous êtes les brebis que le Père m'a confiées, nul ne vous ravira de ma main ! » **Jean ch 10 v28.**

Quel honneur d'être ainsi associés à Celui qui est le maître de l'univers visible et invisible au point même d'être appelés son corps !
Une telle association a de quoi nous bouleverser, nous remplir de confusion tant notre indignité est manifeste.
Qui sommes-nous, chers amis, pour oser imaginer que nous puissions, en quelque manière que ce soit, user de quelque familiarité avec un être si élevé en perfection, en sainteté et en puissance ?
Qui sommes-nous pour oser imaginer entretenir quelque commerce avec Lui et oser prétendre à quelque ministère ou service aussi saint soit-il, sinon celui qui est réservé au plus humble des esclaves !
N'est-ce pas Jean le Baptiste, que Jésus honora en ces termes dans Matthieu ch 11 v 11:
« Je vous le dis en vérité, parmi ceux qui sont nés de femmes, il n'en est point paru de plus grand que Jean-Baptiste. »

N'est-ce pas cet homme d'exception qui parlant de Jésus-Christ, prononça les paroles suivantes dans Luc ch 3 v 66 :
« Il vient celui qui est plus puissant que moi, et je ne suis pas digne de délier la courroie de ses souliers. Lui, il vous baptisera du Saint-Esprit et de feu !»

Dès lors, si Jean-Baptiste, prophète de Dieu parmi les prophètes, confessa son indignité devant la grandeur et la puissance de Jésus-Christ, à combien plus forte raison ne devons-nous pas nous, pécheurs, ressentir avec plus d'acuité encore, notre propre insuffisance !

Qui sommes-nous, qui sommes-nous ?
Question lancinante qui tarauderait à l'infini et jusque dans l'éternité celui qui aurait reçu cette double révélation, celle de la majesté divine et celle de son indignité coupable de pécheur si, dans le même temps, la réponse ne lui avait été providentiellement apportée, à la fois par les Saintes Ecritures et par le Saint-Esprit de Dieu lui-même !

Quelle est donc cette réponse libératrice inespérée ?

Ephésiens ch 2 v 1 à 7 :
« Vous étiez morts par vos offenses et par vos péchés, mais, Dieu qui est riche en miséricorde, à cause du grand amour dont il vous a aimés, nous a rendus à la vie avec Christ
(c'est par grâce que vous êtes sauvés) ; il nous a aussi ressuscités ensemble et nous a fait asseoir ensemble dans les lieux célestes en Jésus-Christ, afin de montrer dans les siècles à venir l'infinie richesse de sa grâce manifestée par sa bonté en Jésus-Christ. »

- Nous avons été prédestinés dans son amour à être ses enfants d'adoption par Jésus-Christ.
- En Lui, nous avons la rédemption par son sang et la rémission des péchés.
- En Lui, nous sommes devenus héritiers, co-héritiers de Christ.
- En Lui, nous avons cru et nous avons été scellés de Saint-Esprit.

Nous sommes confondus devant l'accumulation de tant de grâces dont les textes lus ne donnent qu'un aperçu déjà vertigineux.

- enfants adoptifs de Dieu, alors que nous étions esclaves du mal et du péché.
- ressuscités avec Christ, alors que nous étions morts dans nos péchés.
- assis ensemble dans les lieux célestes alors que nous étions les hôtes prédestinés des abîmes des ténèbres.

Et que dire, mes amis, de cette parole du Christ, du roi de l'univers qui, dans son humanité exprime un amour inconcevable par la pensée humaine. Jean ch 15 v 14 :
« Vous êtes mes amis si vous faites ce que je vous commande. Je ne vous appelle plus serviteurs, parce que le serviteur ne sait pas ce que fait son maître, mais je vous ai appelés amis, parce que je vous ai fait connaître tout ce que j'ai appris de mon Père. »

En d'autres termes, Jésus-Christ, le fils de Dieu, en nous révélant les mystères du royaume de son Père, en nous dévoilant certains aspects de la personne divine et de son caractère, en levant le voile sur son plan de salut, en jetant la lumière sur les glorieuses perspectives du grand dénouement et de la récapitulation de toute l'histoire de l'humanité dont notre résurrection sera le point d'orgue, Jésus-Christ, nous introduit dans l'intimité de sa vie et de son être, de ses motivations les plus profondes qui expriment au plus haut degré l'amour divin incarné.
« Vous êtes mes amis et je vous ai parlé à cœur ouvert comme seul un véritable ami peut le faire. Si donc vous voulez être mes amis, faites ce que je vous demande : aimez le Seigneur, votre Dieu de tout votre cœur, de toute votre force, de toute votre âme et aimez votre prochain comme vous-mêmes. »
Ici encore, nous voilà tout à la fois confondus et émerveillés par une telle proposition !
Notre indignité nous écrase et nous anéantit là où son amour nous relève et nous grandit !

Etre appelés amis par Jésus-Christ, c'est, ni plus ni moins être appelés amis par Dieu lui-même.

Etre l'ami du Fils, c'est donc être l'ami du Père !
Quel privilège mes amis, quel privilège immérité qui nous ouvre la porte de relations exceptionnelles avec un Dieu exceptionnel !
Nous n'aurons jamais assez de l'éternité pour dire notre reconnaissance à Celui qui accepta de s'incarner dans l'étroitesse de notre corporéité, pour nous révéler la divinité sous les traits de Jésus, le Fils de l'homme.

4) Itinéraire d'une découverte :

Avant-hier encore, je n'osais lever les yeux vers cet Etre suprême dont je percevais la transcendance de créateur, la toute-puissance universelle et la justice que je supposais implacable !
Hier encore, à la lecture du premier Testament, j'apprenais à y découvrir sa justice et, en ombre portée, son amour, sa grâce et sa miséricorde allant jusqu'à mille générations en faveur de ceux qui l'aiment et suivent ses commandements. Mais, cependant, je le percevais encore si loin et si haut que je me disais sans cesse : Dieu est dans le ciel et moi, sur la terre !
Certes, j'étais touché et ému lorsque je voyais la façon dont le roi David s'adressait à l'Eternel, son Dieu. J'y percevais une forme de connivence qui m'attirait, mais je me disais que David avait un statut particulier que je n'aurais jamais. De même avec Abraham qui fut appelé ami de Dieu (Jacques ch2 v 23). Abraham, le père des croyants !
Je priais Dieu avec révérence mais la représentation que j'avais de Lui me cantonnait à une relation de subordination respectueuse qui m'interdisait toute spontanéité filiale.
Je m'adressais à Dieu mais en gardant la distance symbolisée par le vouvoiement.
Mais, voici qu'aujourd'hui, ce Dieu que ne voyais encore que de loin dans toute sa majesté m'apparaît, à la lecture du Nouveau Testament, sous forme humaine en la personne de son Fils en qui Il s'est incarné.
Et voici que je découvre, en m'approchant plus près du Christ, qu'en réalité, c'est Dieu lui-même qui s'approche de moi à travers lui et que, plus Il s'approche de moi, plus je suis attiré par Lui, à cause de l'amour dont Il m'enveloppe.

Cette proximité nouvellement découverte va alors se muer en intimité, à un point tel, que poussé par une force intérieure que je découvrirai être celle de l'Esprit Saint, je vais spontanément m'adresser à Dieu en l'appelant, mon Père, et en usant d'un tutoiement respectueux et riche d'affection partagée !

C'est ainsi que j'expérimente, émerveillé, en même temps que l'amitié du Fils, l'amour du Père !

Or, entrer dans l'intimité de Dieu, c'est aller de surprise en surprise, de ravissement en ravissement !

« Je ne vous appelle plus serviteurs, mais amis ! »

Une telle annonce de la part de Jésus-Christ pourrait suffire à notre bonheur et rassasier nos jours jusque dans l'éternité en raison des immenses privilèges attachés à ce statut immérité et inespéré !

Mais, voici que la générosité sans limite de Dieu va déborder ce que notre imagination aurait pu concevoir.

Jusque là, nous n'avons été que les bénéficiaires passifs de l'œuvre du salut accomplie par Dieu au travers du sacrifice de son Fils Jésus-Christ et de sa mort expiatoire.

Voici que Dieu va plus loin encore dans notre réhabilitation en nous considérant dignes de participer à son oeuvre de salut.

Quelle promotion, mes amis !

Quel honneur que d'être associés à Dieu lui-même pour une tâche aussi sainte !

5) Ouvriers avec Christ :

Je vous invite à découvrir ce que la Parole Sainte nous dit à ce sujet :

Ephésiens 2 v10 : « nous sommes l'ouvrage de Dieu, ayant été créés en Jésus-Christ pour de bonnes œuvres, que Dieu a préparées d'avance afin que nous les pratiquions. »

Matthieu 5 v 16 : « que votre lumière luise devant les hommes afin qu'ils voient vos bonnes œuvres et qu'ils glorifient votre Père qui est dans les cieux. »

Tite 2 v 14 : « Jésus-Christ s'est donné lui-même pour nous afin de se faire un peuple zélé pour les bonnes œuvres. »

2 Timothée 3 v 16 : « toute Ecriture est inspirée de Dieu…..afin que l'homme de Dieu soit accompli et propre à toute bonne œuvre. »

1 Corinthiens 3 v 9 : « nous sommes ouvriers avec Dieu. »

1 Pierre 2 v 12 : « ayez au milieu des païens une bonne conduite afin qu'ils remarquent vos bonnes œuvres et qu'ils glorifient Dieu au jour où Il les visitera. »

Ces quelques textes soulignent l'importance que notre Dieu accorde aux œuvres qu'Il nous a assignées car elles contribuent à manifester sa gloire et à préparer les cœurs à le recevoir.
Avant d'être enlevé au ciel, Jésus-Christ avait formulé de façon synthétique ce projet offert à ses disciples en leur disant : (Actes 1 v8) « Vous serez mes témoins à Jérusalem, dans toute la Judée, dans la Samarie et jusqu'aux extrémités de la terre. »

C'est donc dans ce cadre général que l'Eglise, corps de Christ, va être conduite à voir se manifester en son sein, sous l'action du Saint Esprit, et de façons multiples et variées, les grâces de services qui lui permettront de répondre à la vocation que Dieu lui a adressée.

Laissons-nous instruire par les Saintes Ecritures pour découvrir comment, au travers de l'Eglise et de son témoignage, s'exprime « la sagesse infiniment variée de Dieu. »

Ephésiens 4v 11 : « Il a donné les uns comme apôtres, les autres comme évangélistes, les autres comme prophètes, les autres comme pasteurs et docteurs, pour le perfectionnement des saints … »

A ces ministères particuliers directement liés à l'édification de l'Eglise, viennent s'ajouter ceux qui relèvent du sacerdoce universel auquel participe chaque membre pour sa part.

1 Pierre 3 v10 : « Comme de bons dispensateurs des diverses grâces de Dieu, que chacun de vous mette au service des autres le don qu'il a reçu. »

1 Corinthiens 12 v 12 : « comme le corps est un et possède plusieurs membres, et comme tous les membres du corps, malgré leur nombre ne forment qu'un seul corps, ainsi en est-il de Christ. Maintenant, Dieu a placé chacun des membres dans le corps comme Il l'a voulu.
Vous êtes le corps de Christ, et vous êtes ses membres, chacun pour sa part.

Galates 5 v 13 : « Frères, rendez-vous par la charité serviteurs les uns des autres. »

Nous retiendrons des textes lus que chaque membre du corps de Christ a reçu de Dieu un don spirituel, un charisme, en clair une grâce de service à exercer pour le bien de tous.
L'apôtre Paul, dans 1 Corinthiens 12, souligne l'interdépendance des membres du corps, ce qui ne fait que renforcer la formule souvent mentionnée : les uns, les autres.
Ainsi en est-il du pied, de la main, de l'oreille ou de l'œil que l'apôtre utilise pour illustrer son propos.
Et, afin d'éviter toute hiérarchie discriminatoire, il prend soin d'ajouter : « les membres du corps qui paraissent être les plus faibles sont nécessaires ; et ceux que nous estimons être les moins honorables du corps, nous les entourons d'un plus grand amour. »

L'apôtre manifeste ici une profonde connaissance de la nature humaine et de ses mécanismes qui, même lorsqu'ils sont lubrifiés par le Saint-Esprit, peuvent révéler parfois quelques points de grippage.
Il sait que le Malin sait utiliser l'action corrosive du péché pour créer des points de rouille et freiner, voire bloquer la progression de l'Eglise.
Voilà pourquoi, après avoir évoqué les différents ministères et les dons qui leur sont attachés, Paul va fermer la porte à toute tentation à l'orgueil spirituel, au pharisaïsme, en dévoilant les perspectives de la voie royale que doit emprunter chaque serviteur de Dieu, chaque ami du Christ.
« Je vais encore vous montrer une voie par excellence. » dit-il aux Corinthiens.

Cette voie royale porte un nom que nous connaissons bien mais que nous suivons si imparfaitement. Il s'agit du chemin de l'amour, de l'agapè.

Or, nous devons nous souvenir que cet agapè définit la personne divine selon des critères de justice, de pureté, de sainteté, de générosité et de perfection qui ne peuvent être évalués à l'aune des humains.

Cet amour/agapè a prouvé la dimension de sa véritable nature au travers de l'incarnation du Fils de Dieu, de sa mort expiatoire puis de sa résurrection.

C'est cet amour que le Saint-Esprit a implanté dans nos cœurs qui anime notre être intérieur et nous transmet la vie éternelle. Lorsque tout aura disparu, nous vivrons avec Christ et nous le verrons, alors, face à face !

C'est enfin cet amour/agapè qui doit nous conduire, j'allais dire, instinctivement sinon spontanément, à nous mettre au service de l'église où le Seigneur nous a conduits.

Ce service est multiforme et il ne fait pas de doute que Dieu saura nous révéler sa nature au travers des grâces de service dont l'évidence nous sera rendue manifeste soit directement soit par nos frères et sœurs.

L'église locale, à l'instar de la ruche, est prodigue en offres d'emplois, à faire pâlir plus d'une ANPE !

Comme elle, elle a besoin de chrétiens-ouvriers :

- de nettoyeurs ou nettoyeuses pour faire le ménage de la salle.
- de nourrices pour apporter la nourriture spirituelle aux petits comme aux grands.
- de maçons au sens propre et au figuré pour édifier l'église.
- de gardiens pour empêcher l'intrusion de fausses doctrines ou de faux bergers.
- de rappeleurs pour ramener ceux qui s'égarent.
- de ventileurs pour maintenir une saine atmosphère avec la bonne odeur du Christ.
- des bâtisseurs pour chercher dans la parole la gelée royale de la pensée divine.
- des cirières pour préparer l'accueil des nouveaux-nés spirituels

Bref, comme vous l'avez compris, ceci n'est qu'un aperçu des multiples services qui s'offrent à la disponibilité de chacun.

Notre conclusion se résumera en quatre points sous forme de questions :

- Sommes-nous conscients de l'immense privilège qui nous est offert d'être promus au rang « d'ouvriers avec Dieu « ? »
- Avons-nous conscience que servir le corps de Christ, c'est servir Jésus-Christ, le Roi, notre sauveur qui en est le chef ?
- Avons-nous saisi la portée éternelle du service le plus modeste accompli avec amour ?
- Notre service est-il exercé dans la joie partagée avec nos frères et avec notre seul véritable ami, Jésus-Christ, qui nous a fait entrer dans l'intimité de notre Père céleste ?

Que le Seigneur ranime notre esprit de service pour sa seule gloire !

III

LA COMMUNICATION DANS L'EGLISE

Textes bibliques :

2 Corinthiens 2 v 14 à 17 : « Grâces soient rendues à Dieu, qui nous fait triompher en Christ, et qui répand par nous en tout lieu l'odeur de sa connaissance ! Nous sommes, en effet, pour Dieu la bonne odeur de Christ, parmi ceux qui sont sauvés et parmi ceux qui périssent ; aux uns, une odeur de mort, donnant la mort ; aux autres une odeur de vie donnant la vie. »

Jean 13 v 35 : « A ceci tous connaîtront que vous êtes mes disciples, si vous avez de l'amour les uns pour les autres. »

Ephésiens 5 v 1et 2 : « Devenez donc des imitateurs de Dieu, comme des enfants bien-aimés ; et marchez dabs la charité, à l'exemple de Christ, qui nous a aimés, et qui s'est livré lui-même à Dieu pour nous, comme une offrande et un sacrifice de bonne odeur. »

Nous abordons, chers amis, le troisième volet de notre série de méditations sur le monde des abeilles qui nous a permis d'établir un fructueux parallèle avec l'Eglise en général et l'église locale, en particulier.

C'est ainsi que, dans un premier temps, en étudiant la place et le rôle central de l'abeille-reine au sein de la colonie, nous avons pu découvrir, émerveillés et confondus, le caractère éminent du Christ-Roi, Fils de Dieu et Fils de l'homme, roi de l'univers mais aussi chef de l'Eglise dont il est tout à la fois la source, l'origine, l'animateur et le conducteur suprême.

Par son incarnation, il s'est fait le porte-parole du Père, mieux, il s'est présenté comme la Parole divine incarnée, mieux encore, il s'est offert aux hommes comme Parole vivante et vivifiante.

Par sa crucifixion, véritable offrande sacrificielle, il nous a révélé l'immensité de son amour envers nous, pécheurs.

Par sa résurrection, il nous a ouvert les perspectives d'un avenir d'éternelle félicité.

Par l'envoi de son Esprit saint, après son ascension, il nous a permis, en réponse à notre foi, de naître de nouveau et de devenir enfants de Dieu, héritiers de Dieu d'un royaume de lumière, de paix et d'amour pour l'éternité.

Tel est Celui qui nous fait la faveur de nous appeler ses amis !

Dans un deuxième temps, en observant de plus près les activités des abeilles-ouvrières, nous avons pu constater leur haut niveau d'organisation autour de services accomplis pour la reine, soit en rapport direct avec elle, soit au bénéfice de la colonie qui lui prodigue ses soins.

L'occasion nous était alors donnée de rappeler l'immense privilège qui nous était offert d'être les serviteurs du Roi des rois en devenant aussi les serviteurs de son corps qui est l'Eglise.

Serviteurs de Dieu, serviteurs de Christ, serviteurs de l'Eglise mais aussi, faveur suprême, ouvriers avec Dieu dans l'édification de son Eglise !

Or, à cette sainte vocation qui nous confond et nous fait prendre conscience, et de notre indignité et de nos incompétences, le Seigneur Dieu répond par l'attribution de grâces de services à chacun de ses enfants.

Multiples dans leurs formes ou dans leurs domaines d'expression, ces dons spirituels, ces charismes, ne sauraient faire l'objet d'une quelconque hiérarchisation car chacun tire son honneur et sa gloire du nom de Celui pour lequel il est exercé.

Ainsi, le regard que jettent le Seigneur et ses anges sur son Eglise, est-il autant émerveillé par le soin qu'apporte dans l'anonymat le frère ou la sœur qui nettoie accroupi, le parquet de la salle, que par celui

qu'apporte, au regard de tous, du haut de la chaire, celui qui délivre le message de l'Evangile.
Pour conclure ce rappel des précédentes méditations, laissez-moi vous relire ce texte de Paul qui en résume magistralement la teneur, dans l'épître aux Ephésiens 4 v 1 à 7 :

« Je vous exhorte donc, moi, le prisonnier dans le Seigneur, à marcher d'une manière digne de la vocation qui vous a été adressée, en toute humilité et douceur, avec patience, vous supportant les uns les autres avec charité, vous efforçant de conserver l'unité de l'esprit par le lien de la paix. Il y a un seul corps et un seul Esprit, comme aussi vous avez été appelés à une seule espérance par votre vocation ; il y a un seul Seigneur, une seule foi, un seul baptême, un seul Dieu et Père de tous, qui est au-dessus de tous, et parmi tous et en tous.
Mais, à chacun de nous la grâce a été donnée selon la mesure du don de Christ. »

1) les modes d'identification des abeilles :

Le 3° volet que je vous invite à ouvrir maintenant, concerne un sujet passionnant qui a donné lieu à de nombreuses observations. Il s'agit du mode d'identification des abeilles d'une même colonie et de leurs modes de communication.
Chez les humains, il existe de nombreux codes qui signent l'appartenance d'un individu à tel ou tel groupe social ou professionnel :
Ainsi en est-il des codes vestimentaires, des codes langagiers ainsi que des habitus de classes, vocable que les sociologues utilisent pour différencier les standings de vie tels que les quartiers d'habitation, les marques d'automobiles, les destinations de vacances, les types de loisirs etc..
Concernant les modes de communications inter-individuelles, il est commun de distinguer la communication verbale de la communication non-verbale si bien étudiées par le Professeur Hubert Montagner qui a su analyser et décoder les messages portés par les mimiques, la gestuelle et les postures.

Qu'en est-il donc de nos apis mellifera mellifera ?

Et, en premier lieu, que savons-nous du mode d'identification des abeilles dans une même colonie ?
Tout simplement, qu'elles sont imprégnées de l'odeur de l'abeille-reine qui est un composé de phéromones.
Du grec pherein (transporter) et horman (stimulation, excitation), les phéromones ont été découvertes par Karlston et Lüsber (1959) et définies ainsi par Barbier :
« Substances secrétées par des individus et qui, reçues par d'autres individus de la même espèce, provoquent une réaction spécifique, un comportement ou une modification biologique. »

Ces phéromones royales sont produites par 3 types de glandes, les glandes mandibulaires, les glandes abdominales et les glandes des extrémités des pattes.
Elles jouent un rôle important et capital pour la colonie.
- En premier lieu, par leur odeur propre, elles permettent l'identification des abeilles d'une même ruche.
- En second lieu, elles assurent la cohésion et la coordination de leurs actions et régulent leurs comportements.

Les modes de transmission de ces phéromones royales méritent quelques instants d'attention.
On en dénote 3 types :
- Le premier se fait par contact direct lingual ou antennaire des ouvrières avec la reine.
- Le second se fait par contact indirect entre les abeilles qui ont touché la reine et les autres abeilles.
- Le troisième mode est aussi indirect car lié à la volatilité des phéromones dont l'odeur se répand dans toute la ruche.

Parmi ces phéromones royales, il en est une qui se distingue des autres par son action particulière, il s'agit de QMP – la queen mandibular phéromon- autrement dit, la phéromone mandibulaire de la reine.
Elle est formée de 5 composés principaux et joue un rôle important pour la ruche.
En effet, elle empêche l'élevage de nouvelles reines par son action inhibitrice.

Or, si la colonie augmente en nombre, on assiste au phénomène suivant : les abeilles sont de moins en moins mobiles et du coup, la dispersion de la QMP diminue notablement, ce qui provoque la construction de nouveaux alvéoles royaux, suivie par l'élevage de nouvelles reines. A terme, on doit s'attendre à l'essaimage avec le départ de l'ancienne reine et d'un contingent d'ouvrières et d'abeillauds.
Comme nous venons de le voir, les phéromones royales signent l'identité des abeilles d'une même ruche et jouent le rôle de chef d'orchestre de ce petit monde laborieux.

2) la communication entre abeilles :

Le second point d'observation concerne la communication entre les abeilles et met en évidence 2 modes d'actions.
Il s'agit d'une part, des messages portés par les phéromones propres aux ouvrières et d'autre part, de ceux qui sont donnés au travers des danses des abeilles.

Ces phéromones ouvrières, secrétées par les glandes de Nassanov situées sur la face dorsale de l'abdomen, suscitent de multiples actions :
- elles marquent l'entrée de la ruche et servent de repère.
- elles indiquent un lieu de source de nectar.
- elles signalent une source d'eau.
- elles précisent un lieu d'arrêt provisoire pour l'essaim.
- elles guident les autres ouvrières.
Ces transmissions de messages chimiques s'effectuent le plus souvent par contacts antennaires lors des échanges de nourriture.
C'est ainsi qu'une butineuse arrive, transportant du nectar dans ce qu'on appelle, son jabot social.
Elle régurgite alors ce nectar et le transmet à une magasinière (trophalaxie) selon le processus suivant :
L'abeille solliciteuse déplace ses antennes entre les mandibules de la donneuse et étend sa langue. La donneuse bouge ses antennes et régurgite quelques gouttes, puis, avec ses antennes, signifie la fin de l'échange.

C'est ainsi que nous apprenons comment une butineuse transmet des informations à ses collègues, lorsqu'elle a découvert une source de nectar.

Le second mode de communication se fait par des déplacements et des danses.
C'est à Karl von Frisch (1886-1982), éthologue autrichien, spécialiste des abeilles que l'on doit le déchiffrage du langage des abeilles (Vie et moeurs des abeilles).

Comme nous l'avons décrit, la butineuse régurgite du nectar ce qui a pour effet d'attirer ses consoeurs. Puis, elle se met à effectuer une sorte de danse.
Tout se passe dans l'obscurité de la ruche et les mouvements de la danseuse ne sont perçus que de façon tactile et olfactive. Elles captent les mouvements au moyen de leurs antennes et perçoivent le parfum de la nourriture. Puis, brutalement, elles quittent la ruche !
Que s'est-il donc passé ?
Qu'ont-elles appris au cours de ce manège ?
Elles ont été informées de la nature du nectar à récolter par son odeur, et, par le type de danse effectué par la butineuse, de l'endroit où elles le trouveront.
Pour rester simple, nous distinguerons 2 types de danses :
- si le butin se trouve à moins de 100 mètres, la danse se fera en cercles, en alternant le sens de rotation.
- s'il se trouve entre 100 mètres et 6 kilomètres, la danse sera dite « frétillante » et suivra la forme du 8 ; de plus, l'inclinaison de son axe par rapport au soleil, indiquera la direction tandis que la vitesse de la danse donnera la distance à parcourir.
J'avoue avoir quelques difficultés à concevoir des mécanismes aussi bien organisés comme étant le fruit d'un hasard hypothétique ou d'une simple évolution aveugle !
Et ceci, d'autant plus, qu'en poussant mes recherches sur l'orientation des abeilles qui s'opère par rapport au soleil, j'ai appris ce que je vous livre derechef :
- si le soleil est voilé par les nuages, l'abeille est capable de se repérer car elle perçoit les rayons ultra-violets !

- si une montagne le lui cache, elle poursuit son vol car son œil est conçu pour analyser la polarisation de la lumière !

J'avoue encore, qu'en découvrant ces merveilles de la nature, j'ai été naturellement poussé à l'adoration envers l'auteur de tant d'ingéniosité qui n'a rien laissé au hasard pas plus qu'à la nécessité !

Or, voici que mon émerveillement allait prendre une autre dimension lorsque, m'attachant à l'étude des Saintes Ecritures, j'allais y découvrir, concernant les modes d'identification et de communication des enfants de Dieu au sein de l'église, la marque divine de son génie re-créateur.
Dans cette découverte que je voudrais partager maintenant avec vous, je suivrai le même chemin précédemment emprunté avec les abeilles.

3) Mode d'identification des enfants de Dieu :

C'est ainsi que nous nous emploierons dans un premier temps à rechercher les éléments qui signent et signalent notre appartenance au corps de Christ, autrement dit qui fondent notre identité de chrétiens. Pour ce faire, nous aurons recours à quelques textes bibliques.
Le premier qui m'est venu à l'esprit est de la bouche même du Seigneur Jésus-Christ lors de ses derniers entretiens avec ses disciples, ce qui donne plus de densité à ses paroles.
Jean 13 v 34 :
« Je vous donne un commandement nouveau : aimez-vous les uns les autres ; comme je vous ai aimés, aimez-vous les uns les autres. A ceci, tous connaîtront que vous êtes mes disciples, si vous avez de l'amour les uns pour les autres. »

Tel est donc, chers amis, le signe d'appartenance à l'Eglise, corps de Christ, à cette nouvelle communauté qui a pour signe distinctif, l'agapè, l'amour divin versé dans le cœur de chacun de ses membres et partagé sans réserve, ni restriction, ni discrimination entre frères !

Mais d'où provient cette phéromone royale dont le parfum doit se répandre jusqu'au dernier recoin de l'église et tout alentour et, comment cette dispersion est-elle possible ?

A la première question, nous répondrons sans hésiter qu'elle nous vient de notre Roi, de Jésus-Christ lui-même.
L'apôtre Jean, dans 1 Jean 3 v 16, nous en signale l'origine :

« Nous avons connu l'amour, en ce que Jésus-Christ a donné sa vie pour nous. »

Plus loin, au chapitre 4 v 7 à 11, l'apôtre approfondit sa pensée :

« Bien-aimés, aimons-nous les uns les autres : car l'amour est de Dieu et quiconque aime est né de Dieu et connaît Dieu.
Celui qui n'aime pas n'a pas connu Dieu, car Dieu est amour.
L'amour de Dieu a été manifesté envers nous en ce que Dieu a envoyé son Fils unique dans le monde, afin que nous vivions par lui. Et cet amour consiste, non point en ce que nous avons aimé Dieu, mais en ce qu'Il nous a aimés et a envoyé son Fils comme victime expiatoire pour nos péchés.
Bien-aimés, si Dieu nous a ainsi aimés, nous devons aussi nous aimer les uns les autres…v19 : pour nous, nous l'aimons parce qu'Il nous a aimés le premier. »

Nous découvrons ici que Jésus-Christ, Dieu fait homme, a exprimé, au sens propre et au figuré, l'amour parfait jusqu'au bout de sa logique, à savoir le don même de sa vie.
C'est cette vie qu'Il nous a offerte par amour, qui est versée dans le cœur de celui qui met en Lui sa confiance. Autrement dit, cet amour n'est pas seulement le signe identitaire des enfants de Dieu, mais il est aussi le moteur principal de leurs vies, la pierre de touche de toutes leurs pensées et de toutes leurs actions.

A l'instar des phéromones royales, l'amour de Christ dans l'église, assure la cohésion, la coordination et la régulation de tous les comportements de ses membres.
La seconde partie de notre question concernait les modes de dispersion de la phéromone royale, ici, de l'agapè, de l'amour divin. Nous reprendrons brièvement l'image des abeilles :
- La première source se fait par contact direct avec notre Roi ; mais, contrairement aux abeilles, ce contact n'est pas réservé aux seules

nourrices mais à tous les chrétiens qui s'approchent du Christ pour être nourris. Souvenons-nous qu'Il est notre pain vivant, notre gelée royale !
Et, précisément, c'est lors de ce contact direct, par la prière et la lecture de sa Parole, que la phéromone de l'amour, pénètre l'âme et la vivifie.

Cette démarche de découverte de notre Roi, de connaissance de son être, n'est autre qu'une démarche d'amour pour Lui, qui aboutit à une rencontre dont on ressort transformés, revigorés.
L'apôtre Paul l'avait bien perçu et en avait mesuré toutes les conséquences qu'il nous livre dans 2 Corinthiens 2 v 14 :
« Grâces soient rendues à Dieu, qui nous fait triompher en Christ et qui répand par nous en tout lieu l'odeur de sa connaissance. Nous sommes, en effet, pour Dieu la bonne odeur de Christ parmi ceux qui sont sauvés et parmi ceux qui périssent : aux uns une odeur de mort donnant la mort ; aux autres une odeur de vie donnant la vie.»
L'amour divin, cette phéromone royale, par son parfum que nous portons désormais, aura donc pour certains un pouvoir d'attraction et pour d'autres de répulsion !

- Le deuxième mode de transmission est de type indirect. L'odeur de l'amour se transmet, en effet, dans l'église d'individu à individu, chacun transmettant à l'autre ce qu'il a récolté près de son Maître lors de son culte personnel. Ces échanges peuvent être informels voire inopinés, ou bien organisés lors des rencontres d'église, études bibliques ou cultes.
Comme les abeilles lors d'échanges de nourriture, la phéromone de l'amour se transmet de l'un à l'autre par une parole au goût de gelée royale, par un geste d'affection comme un contact antennaire d'offrande.

- Le troisième mode de transmission est, lui aussi, indirect. La phéromone, par sa volatilité, se répand dans toute la ruche à la faveur des allées et venues de ses occupantes très occupées.
Il en est de même dans l'église.
Que nous en soyons conscients ou non, chaque geste, chaque acte accompli au service de notre Maître, qu'il soit discret ou visible,

véhicule et dégage les effluves de l'amour divin, créant ainsi une atmosphère qui en signale l'origine à tout observateur perspicace et sensible à son caractère paisible et généreux.
C'est à ces petits gestes, qui sont parfois pour certains le fruit de grands sacrifices, que Paul fait référence lorsqu'il écrit aux Philippiens ch 4 v 18 :

« J'ai été comblé de biens en recevant par Epaphrodite ce qui vient de vous, comme un parfum de bonne odeur, un sacrifice que Dieu accepte, et qui Lui est agréable. »

Permettez-moi, chers amis, une dernière réflexion sur la phéromone royale qui, chez les abeilles se propage par voie chimique au travers des molécules qui la composent.
Qu'en est-il de la transmission de l'amour divin ?
Ecoutons la réponse que nous en donne la Parole de Dieu. L'apôtre s'adressant aux chrétiens de Rome leur dit ceci ch5 v 5 :

« Or, l'espérance ne trompe pas, parce que l'amour de Dieu est répandu dans nos cœurs par le Saint-Esprit qui nous a été donné. »

En d'autres termes, la transmission de l'amour divin, de cette phéromone porteuse de vie, qui nous est offerte par le Christ lui-même – je vous donne ma vie – se manifeste au travers d'une opération spirituelle par la venue de l'Esprit Saint dans le cœur du croyant. Jésus-Christ, lui-même l'avait annoncé à ses disciples dans Jean 14 v 15,17, 23 :

« Si vous m'aimez, gardez mes commandements. Et moi, je prierai le Père et Il vous donnera un autre avocat, afin qu'il demeure éternellement avec vous, l'Esprit de vérité …v17 : vous le connaissez, car il demeure en vous, et il sera en vous…v23 : si quelqu'un m'aime, il gardera ma parole, et mon Père l'aimera et nous ferons notre demeure en lui. »

L'apôtre Pierre, dans son discours à Jérusalem, le jour de la Pentecôte, explique au peuple les évènements extraordinaires qu'ils viennent de voir et qui sont l'accomplissement des paroles du Christ. Actes 2 v 33 :

« Ce Jésus que Dieu a ressuscité…..élevé à la droite de Dieu, a reçu du Père le Saint-Esprit qui avait été promis, et il l'a répandu comme vous le voyez et l'entendez. »

C'est cette effusion de l'Esprit à laquelle Paul fait référence lorsqu'il écrit aux Galates ch 4v 6 :
« Et, parce que vous êtes fils, Dieu a envoyé dans nos cœurs l'Esprit de son Fils, lequel crie : Abba, Père. »

Nous avons appris que les phéromones de la reine provenaient de 3 types de glandes et, plus particulièrement, qu'elles étaient composées de plusieurs composants actifs. Cette multiplicité se retrouve aussi sur le plan spirituel. Ecoutons seulement les paroles de Paul aux Galates ch5 v 22 :
« Le fruit de l'Esprit, c'est l'amour, la joie, la paix, la patience, la bonté, la bienveillance, la fidélité, la douceur, la tempérance. »

Tels sont, chers amis, les composants de l'agapè, cette phéromone royale que l'Esprit Saint a déversé dans les cœurs des croyants et qui vont les stimuler et orienter leurs pensées et leurs actes vers ce qui est conforme à la volonté de leur souverain Maître.

4) La communication dans l'église :

Je vous invite maintenant à nous intéresser à la communication au sein de l'église et plus particulièrement à son rôle et son utilité.
Nus avons appris que les abeilles communiquent grâce aux phéromones produites par les glandes de Nassanov, transmises par leurs antennes lors d'échanges de nourriture, ainsi que par leurs déplacements et leurs danses.
Ce sont autant de messages qui ont pour objet de signaler l'entrée de la ruche, d'indiquer une source de nectar, une source d'eau ou de servir de guide aux autres ouvrières.
En d'autres termes, ils contribuent à assurer aux abeilles les moyens de leur survie et de leur sécurité en les guidant soit vers la ruche, leur

abri, soit vers un lieu de butinage ou un point d'eau, éléments essentiels à leur subsistance.

Qu'en est-il de la communication dans le domaine spirituel au sein de l'église locale ?
Contrairement aux abeilles qui sont programmées pour un type de communication chimique ou gestuelle stéréotypée, chaque enfant de Dieu se distingue de son frère par un caractère, une personnalité, des capacités physiques, intellectuelles, émotionnelles qui lui sont propres, sans parler de son arrière-plan éducatif, social et culturel.
Par ailleurs, cette différenciation se découvre aussi sur le plan de la maturité spirituelle, de l'expérience de la vie en église ou encore du niveau de sanctification.
C'est dire combien nous sommes différents les uns des autres !
C'est dire aussi qu'au-delà des moyens naturels de communication que sont la parole et le geste ou parfois même le silence attentionné, notre communication va être enrichie des multiples coloris que saura lui apporter l'Esprit-Saint, divin inspirateur de nos propos et de nos comportements.

Cette multiplicité langagière qui exprime tout à la fois la personnalité unique de chaque membre et l'action manifeste du Saint-Esprit, constitue une richesse pour l'église, et par voie de conséquence, pour tous ceux qui la côtoient car elle reflète l'amour divin comme au travers d'un prisme aux mille facettes.
Et c'est ici que se réalise en communauté le miracle de la grâce, qui consiste à transformer en symphonie ce qui, naturellement, n'aurait produit que cacophonie !

C'est ainsi que chaque enfant de Dieu va contribuer, avec ses particularités et avec ses spécificités, à transmettre aux autres un aspect du message évangélique ; c'est ainsi qu'il va être une lumière qui attire les regards vers l'église à laquelle il appartient, lieu de convivialité, de partage et de sécurité, de reproduction et de nourrissement.
Son amour pour la Parole de Dieu, véritable aliment pour son âme, va agir comme un stimulant dans son contact avec ses frères ; sa fidélité à

son Maître, à son Roi et à son église , sa vie consacrée, vont servir de guide à ses frères et sœurs en la foi.

D'une certaine manière, chaque chrétien est semblable à une lettre écrite par l'Esprit-Saint selon cette belle image de Paul offerte aux Corinthiens dans sa seconde épître ch 3 v3 :

> « Vous êtes manifestement une lettre de Christ écrite par notre ministère, non avec de l'encre mais avec l'Esprit du Dieu vivant, non sur des tables de pierre mais sur des tables de chair, sur les cœurs. »

Permettez-moi, enfin, d'évoquer ce mode de communication que les abeilles utilisent pour signaler une nouvelle source de nectar, à savoir, la gestuelle de la danse qui relève de la communication non verbale. Vous avez noté que ces danses, en cercle ou en huit, expriment une forme d'excitation joyeuse et contagieuse liée à la découverte d'un nouveau site de nourriture, parfumée et sucrée, un véritable délice en perspective !

Cette joie exprimée par l'entrain à venir rencontrer les frères pour découvrir les beautés de la Parole de Dieu, est une joie communicative ; elle se lit sur les visages ; elle efface les rides des soucis quotidiens et des peines ; elle est ouverture à l'autre et invitation à la partager ; elle est souriante, réconfortante et apaisante car elle se nourrit de la présence du Seigneur.

Le roi David en avait fait l'expérience lorsqu'il exprimait ainsi son enthousiasme (Psaumes 122 v1) :
> « Je suis dans la joie lorsqu'on me dit : allons à la maison de l'Eternel ! »

ou encore, Psaumes 84 v 1 à 3 :

> « Que tes demeures sont aimables, Eternel des armées ! Mon âme soupire et languit après les parvis de l'Eternel, mon cœur et ma chair poussent des cris vers la Dieu vivant ! »

C'est ainsi que par la parole ou par le geste, fut-il aussi discret qu'un simple sourire, chaque chrétien est semblable à un note de musique posée sur une portée écrite par la main du divin compositeur ; un note

qui, accordée avec les autres, va donner naissance à une symphonie à la gloire de son Roi.
Cette symphonie porte un nom :
« le chant de l'Eglise, modeste prélude au glorieux chant de l'Agneau que nous entonnerons tous un jour bientôt dans les cieux où l'univers entier fera office d'auditorium. »

Souvenons-nous de l'amour de Christ versé dans nos cœurs par le Saint-Esprit, comme de cette phéromone royale qui signe notre identité d'enfants de Dieu, nés de nouveau, et qui assure la cohésion de l'église et coordonne ses actions.

Souvenons-nous aussi de l'honneur que Dieu nous fait d'être les vecteurs, les transmetteurs de sa lumière, les diffuseurs du parfum de sa grâce et des stimulateurs pour l'Eglise qui est son corps.

A Lui seul soit toute la gloire,

Dieu Père, Fils et Saint-Esprit

Au siècle des siècles, amen !

IV

LES ENNEMIS DE L'EGLISE LOCALE

Textes bibliques :

Matthieu ch 7 v 15 : « Gardez-vous des faux prophètes. Ils viennent à vous en vêtements de brebis, mais au-dedans ce sont des loups ravisseurs. Vous les reconnaîtrez à leurs fruits. »

Actes ch 20 v 29 : Paul aux anciens d'Ephèse : « Prenez donc garde à vous-mêmes et à tout le troupeau sur lequel le Saint-Esprit vous a établis évêques pour paître l'Eglise du Seigneur qu'Il s'est acquise par son propre sang. Je sais qu'il s'introduira parmi vous, après mon départ des loups cruels qui n'épargneront pas le troupeau, et qu'il s'élèvera parmi vous des hommes qui enseigneront des choses pernicieuses, pour entraîner les disciples après eux. »

2 Corinthiens ch 11 v 13 à 15 : Paul parle ici de ceux qui discréditent son ministère :
« Ces hommes-là sont de faux apôtres, des ouvriers trompeurs, déguisés en apôtres de Christ. Et cela n'est pas étonnant, puisque Satan lui-même se déguise en ange de lumière. Il n'est donc pas étrange que ses ministres aussi se déguisent en ministres de justice. Leur fin sera selon leurs œuvres ! »

1 Pierre ch 5 v 8 : « Soyez sobres, veillez. Votre adversaire, le diable, rôde comme un lion rugissant, cherchant qui il dévorera. Résistez-lui avec une foi ferme. »

Les textes que nous venons de lire et que nous devons à Jésus-Christ lui-même et à deux de ses plus éminents apôtres, Paul et Pierre,

constituent de fermes mises en garde face aux dangers qui guettent l'Eglise naissante.
Toute l'histoire de l'Eglise, décrite par les écrits bibliques puis par les historiens, démontre la pertinence de tels avertissements.
Aujourd'hui encore, et peut-être plus que jamais, les églises locales sont les objets privilégiés des manigances de l'Adversaire qui met tout en œuvre pour saper les fondations de ce que Paul qualifie de
« colonne et appui de la vérité » (1 Tim 3 15).

Satan, le père du mensonge, le semeur de zizanie (étym : l'ivraie), met tout en œuvre pour étouffer la vérité qui affranchit et libère du péché en semant le doute et en promouvant la discorde.
Ses actions sont multiples car il est doué d'une grande intelligence et qu'il est rusé par nature.
Il est un fin stratège dans la guerre qu'il a entrepris de mener contre les enfants de Dieu.
Il la mène principalement sur deux fronts, par des attaques qu'il dirige de l'extérieur – par la persécution ou la séduction d'idéologies et de fausses doctrines séduisantes - et par des manœuvres qu'il conduit de l'intérieur – par l'infiltration d'agents doubles ou par la séduction et la tentation des enfants de Dieu pouvant les conduire à la prévarication (abandon de la loi divine).
Il n'est pas dans mon propos de détailler avec vous tous les dangers qui guettent l'Eglise du Seigneur, ils sont trop nombreux et multiples, mais, tout simplement, de nous rappeler que nous sommes engagés dans un véritable combat spirituel au nom du Christ.
Il s'agit d'un combat dont nous ne soupçonnons pas toujours les enjeux terrestres et célestes, combat qui engage chacun individuellement et l'église, collectivement.
Il en découle que notre vigilance devra s'exercer dans ces deux domaines, sur ces deux champs de bataille, individuel et collectif, dans un souci permanent de soutien, d'encouragement, d'exhortation et d'édification mutuelle.
C'est cette mutualité des moyens mis en œuvre, avec le concours toujours gracieux de l'Esprit, qui constituera, par la force de l'union exercée dans la paix, le meilleur des remparts contre les assauts de l'Adversaire.

Vigilance, amour de Dieu et de sa parole sainte, fidélité dans l'unité de la foi et de l'Esprit, telles sont les conditions nécessaires pour faire échec aux stratégies subtiles de Satan.

1) les dangers et les ennemis de la ruche :

Après cette longue introduction, je vous invite à approfondir notre réflexion en l'illustrant au moyen de la parabole qui nous est maintenant familière, celle de la ruche, et plus précisément, celle de ses habitantes, les apis mellifera mellifera.

Nous commençons un peu à les connaître. Nous avons, en effet, découvert la reine et son statut, nous avons suivi les ouvrières dans leurs multiples tâches et nous nous sommes intéressés à leurs moyens de communication.

Je vous propose donc maintenant de vous pencher avec moi sur les dangers que doit affronter notre bourdonnante société, laquelle, dans des circonstances dramatiques, peut devenir bourdonneuse, autrement dit, vouée à la disparition. Nous y reviendrons dans le chapitre suivant.
Comme nous allons le constater, la vie d'une colonie d'abeilles n'est pas un long fleuve tranquille.
Les dangers qui la guettent vous étonneront par leur multiplicité et par la diversité de leurs modes d'action qui peuvent conduire dans certains cas à la mort de la ruche.
Or, il apparaît que les plus dangereux ne sont pas les plus grossiers ni les plus visibles mais, le plus souvent, ce sont les plus insidieux et les plus microscopiques.
Ces dangers se rencontrent à tous les niveaux de la sphère de vie des abeilles, à l'extérieur comme à l'intérieur, sur les lieux de butinage comme dans les alvéoles.
Ils peuvent affecter les individus ou la colonie entière, mais dans tous les cas auront des effets néfastes.
Les spécialistes en apiculture s'accordent à dénombrer 5 types d'ennemis des abeilles que je vous invite à découvrir. C'est ainsi que cette lugubre énumération fait état de maladies, de parasitoses, de prédateurs, de pilleurs de ruches et enfin d'insecticides.

a) Les maladies :

Comme tout ce qui vit, l'abeille est sensible à un certain nombre d'agents pathogènes tels que les virus, les champignons, ou encore les bactéries.
C'est ainsi qu'elle subit les méfaits de la **loque** qui est un bacille qui se développe dans les alvéoles et provoque le pourrissement des larves.
Par ailleurs, certaines conditions favorisent l'apparition de désordres physiologiques :
- si l'humidité augmente dans la ruche, les abeilles sont alors sujettes à la **dysenterie**.
- si la collecte de nectar est trop faible et que la disette s'installe, les abeilles seront amenées à butiner **des fleurs toxiques** comme les renoncules ou les euphorbes avec les conséquences que l'on imagine.

b) les parasites :

On entend par là tout organisme vivant qui puise les substances qui lui sont nécessaires dans l'organisme d'un autre auquel il cause un dommage plus ou moins grave sans, toutefois, le détruire.
Comme nous allons le voir, l'abeille n'en n'est pas exempte.
Citons d'abord les arachnidées (4 paires de pattes) du groupe des acariens dont le célèbre **varroa** de couleur rouge mesurant de 1 à 2 millimètres.
Il est malin celui-là !
Il pond ses œufs dans un couvain de mâles non operculé, lequel va donner naissance à de faux-bourdons parasités qui, en se déplaçant, vont contaminer d'autres larves ou même des butineuses !
Citons aussi les insectes (3 paires de pattes) tel le **pou des abeilles – le braule**- qui, en réalité, est une mouche aptère- sans ailes- voleuse de nourriture.
Il est aussi malin que le varroa mais bien plus facétieux !
Il s'installe sur le corselet de l'abeille, près de sa bouche et la chatouille jusqu'à ce qu'elle régurgite un peu de miel qu'il s'empresse de récupérer !
Plus malin encore, **le tarsonémidé**, un acarien qui s'incruste dans la trachée même de l'abeille pour se repaître, sans effort, et à ses dépens,

de la lémolymphe ; et que dire du **nosema apis** qui s'installe directement dans son intestin moyen !

Citons, enfin, la fausse teigne, qui pour le coup est une vraie teigne, qui dépose ses œufs dans les alvéoles du couvain. Il s'agit d'un papillon répondant au doux nom de **galleria mellonella** dont les chenilles creusent des trous et qui se gavent du miel des alvéoles. A terme, son action dévastatrice peut entraîner le départ des abeilles privées de nourriture.

c) les prédateurs :

A la différence du parasite qui vit au dépens d'autrui, le prédateur se nourrit de sa proie en la dévorant, et là, l'abeille ne manque pas de gourmets ni d'amateurs de toutes sortes !

Il y a ceux qui sont à son échelle et contre lesquels les gardiennes de la ruche vont s'opposer farouchement, quitte à y laisser leur dard et à en mourir.
Les guêpes et les frelons sont de ceux-là qui payent souvent de leur vie leurs tentatives par trop audacieuses.
Citons **la philante apivore,** cette guêpe solitaire qui plante avec expertise son aiguillon sous la gorge de l'abeille.

Il y a aussi les araignées qui sont souvent bredouilles car les abeilles parviennent à s'extraire de leurs toiles.
Il en est une, cependant, qui remporte parfois un certain succès, c'est la **thomise ou araignée-crabe,** un rien maligne car, comme le caméléon, elle prend la couleur de la fleur et attend l'arrivée de l'abeille, avec une délectation anticipée.

Enfin, il y a les gros prédateurs qui font figure de monstres aux yeux de l'apis mellifera. Il s'agit là d'un oiseau dont nous saluons l'arrivée, j'ai nommé l'hirondelle, qui pour nous, humains, annonce le printemps mais, pour les abeilles, l'hiver de la mort.
Or, précisément, en parlant d'hiver, si celui-ci est rigoureux, les pics-verts et les épeiches, poussés par la faim, n'hésitent pas à percer les ruches pour se nourrir de leurs habitantes et même de leur miel !

Maladies, parasites, prédateurs, mais aussi, pilleurs de ruches !

d) les pilleurs de ruche :

Il y a eu les pilleurs de banque, les pilleurs de troncs d'églises et voici, les pilleurs de ruches !
Décidément, tout ce qui est jaune attire les pilleurs.
Du plus petit au plus gros !
De l'ours brun au blaireau européen, en passant par les mulots, les rats ou les musaraignes, chacun va exercer son flair et son intelligence pour forcer les portes de ces coffres-forts tant convoités !
On imagine sans mal les dégâts que leur intrusion va provoquer sur la ruche et à l'intérieur, dégâts matériels sur les alvéoles mais, surtout, perte assurée des réserves de miel nécessaires à la vie et à la survie de la colonie.

Plus insidieuse est l'action d'un papillon qui porte bien son nom, le **sphynx- tête de mort :**
Un vrai nazi, celui-là !
Bien protégé par sa fourrure, il profite de la nuit pour pénétrer dans la ruche et se goinfrer de miel jusqu'à satiété.

Mais, il y a plus choquant encore ! C'est lorsque des abeilles domestiques viennent piller le miel d'autres ruches en déjouant la vigilance des gardiennes !
Il faut dire, à leur décharge, qu'elles y sont poussées par les circonstances, à savoir lorsque les sources de nectar sont insuffisantes.
Et là, leurs scrupules disparaissent !
Elles choisissent une ruche peu peuplée ou qui présente des trous et des fissures et y font une razzia de miel !

e) Les insecticides :

Il est un dernier danger auquel sont confrontées les abeilles de notre époque moderne, il s'agit des insecticides utilisés par les agriculteurs-céréaliers.

C'est en Floride, en 2006, que l'épidémie a débuté dans un seul élevage. Elle s'est ensuite répandue des USA au Canada avant d'atteindre l'Europe et Taïwan en avril 2007.
Il s'agit d'une véritable catastrophe écologique qui a détruit 2,5 millions de ruches aux USA.
Les ruches sont trouvées vides, sans aucun cadavre d'abeille ni de parasite.
Dans les ruches agonisantes, on a cependant découvert quelques virus, des microbes et surtout des champignons- parasites liés au pesticide à base d'imidaclopride qui constitue le tristement célèbre produit de Monsanto, le Gaucho ou le Merit et autres produits analogues comme le Régent, qui désorienteraient les abeilles.
Ces insecticides enrobent les semences et se retrouvent donc dans le pollen que butinent les abeilles qui en meurent ou qui se perdent.
Catastrophe écologique lorsqu'on sait que 80% des plantes vivrières ont besoin des abeilles pour être fécondées !
Dans un formule considérée comme exagérée par certains, Einstein aurait dit : « si l'abeille disparaît du globe, l'espèce humaine disparaîtra dans les 4 ans. »

Quoiqu'il en soit, l'homme est venu lourdement perturber une situation dont les abeilles se seraient bien passées.

Le tableau que nous venons de brosser n'est pas exhaustif mais suffit à nous démontrer la fragilité de la ruche et la vigilance que doivent exercer les apiculteurs pour en assurer la protection et la survivance.

2) Les dangers et les ennemis de l'église :

Les églises locales connaissent aussi des situations analogues et doivent se prémunir contre tous les dangers qui la guettent en restant vigilantes et en s'adonnant à la prière.
Faute d'avoir observé ces deux règles fondamentales, nombre d'entre elles ont périclité et certaines ont même disparu.
Pensons en particulier aux églises d'Asie Mineure !
La révélation que l'apôtre Jean reçoit de Jésus-Christ, nous dévoile leur état de santé spirituelle qui ne manque pas de nous alerter et de nous inciter à la vigilance. Nous sommes aux alentours de l'an 90 et

ces églises doivent avoir une trentaine d'années pour les plus anciennes.
Nous apprenons au chapitre 2 de l'Apocalypse plusieurs choses instructives sur leur état spirituel. Certaines sont encourageantes, d'autres révélatrices du mal qui les ronge ou qui les guette. C'est ainsi :
- que l'église d'Ephèse a abandonné son premier amour,
- que l'église de Smyrne est confrontée à la calomnie suscitée par Satan et à la tribulation,
- que l'église de Pergame n'a pas renié la foi chrétienne mais, qu'elle s'est attachée à des doctrines sataniques promouvant l'impudicité,
- que l'église de Thyatire s'est laissée séduire par la prophétesse Jézabel qui enseignait des doctrines abominables qualifiées de « profondeurs de Satan »,
- que l'église de Sardes passe pour être vivante mais qu'elle est morte hormis quelques hommes qui n'ont pas souillé leurs vêtements,
- que l'église de Philadelphie a peu de puissance mais qu'elle a gardé la Parole et n'a pas renié le nom de Christ,
- que l'église de Laodicée n'est ni froide ni brûlante mais tiède, qu'elle se déclare auto-suffisante et qu'elle est satisfaite de l'état dans lequel elle se complaît.

Sur les sept églises évoquées, seules les églises de Smyrne et Philadelphie s'en tirent avec les honneurs.
La première parce qu'elle est une église qui combat spirituellement , la seconde parce qu'elle est fidèle au nom de Christ et de sa parole.
Les cinq autres églises sont toutes appelées à la repentance.
Certes, il y a des degrés dans la descente vers le mal et la situation d'Ephèse n'est en rien comparable à l'état de compromission de Pergame ou de Thyatire, mais chacune présente un tableau clinique qui impose une médication radicale, à savoir la repentance !

Permettez-moi donc, chers amis, une brève analyse du diagnostic porté sur la nature des pathologies qui affectent chacune de ces communautés.

a) l'église d'Ephèse :

L'église d'Ephèse aurait pu être un exemple d'église :
- elle s'efforce de neutraliser les faux docteurs ; voilà pour son travail !
- elle persévère malgré leur opposition ; voilà pour son endurance !

Mais, la faute des Ephésiens est d'avoir corrompu leur principale vertu. Leur opposition aux faux frères a introduit dans l'église un esprit de jugement, la division et l'abandon de leur premier amour. Abandon de l'amour fraternel, certainement, mais aussi de leur amour envers Dieu dont découle le précédent !
Dans ce combat spirituel aux nobles aspirations, nous pouvons constater comme le disait Paul (2 Cor 3 v 6) « que la lettre tue. » Lorsque les passions humaines se mêlent aux intérets spirituels , on assiste à une rétrogradation vers des manifestations charnelles telles que le jugement pharisaïque.
Il s'agit là d'un processus insidieux, progressif, silencieux, d'un glissement du spirituel vers le charnel d'autant plus dangereux et subversif qu'il s'appuie sur des prémices doctrinaux légitimes, pour emprunter peu à peu les chemins du sentiment et des émotions, ouvrant la porte à toutes les dérives, dont la disparition de ce pilier de la foi chrétienne qu'est l'amour de Dieu et des frères.
En d'autres termes, l'exemple d'Ephèse nous met en garde contre le danger suivant : à savoir que, dans toute situation d'opposition, de conflit, de défense de la vérité, qu'elle soit théologique ou non, nous devons toujours garder bien en vue la seule gloire de Dieu et l'intérêt spirituel de notre interlocuteur. Faute de quoi, nous risquons de nous laisser submerger par des sentiments et des pensées charnelles qui discréditeront le beau nom de Jésus et de surcroît, porteront atteinte à la légitimité de nos arguments.
Abandonner son premier amour, c'est perdre la substance de ce qui fonde l'Evangile qui est la vie !

b) les églises de Pergame et de Thyatire :

Elles ont toutes deux un profil semblable.

Pergame retient toujours le nom de Christ et n'a pas renié sa foi même lors de la persécution qui vit mourir Antipas.
Thyatire est reconnue pour ses œuvres, son amour, sa foi, son fidèle service, sa constance et même pour ses dernières œuvres plus nombreuses que les premières.
Et pour tout cela, comme Ephèse, ces deux églises auraient pu servir d'exemples !
Mais, la faute de Pergame et de Thyatire est d'avoir manqué de vigilance envers les fausses doctrines et de s'être gravement compromises en n'exerçant pas de discipline envers leurs propagateurs.
Leur situation est grave car, pour Pergame, l'apôtre Jean utilise la formule de « trône de Satan », en référence à ceux qui sont attachés à la doctrine de Balaam et à celle des Nicolaïtes, et, pour Thyatire, celle de « profondeurs de Satan » pour désigner les enseignements de Jézabel, soi-disant prophétesse.

En d'autres termes, le triste exemple de ces deux églises nous incite à une extrême vigilance envers tout enseignement qui s'écarterait de la saine doctrine et souillerait le beau nom de Jésus.

c) l'église de Laodicée :

Le dernier exemple à ne pas suivre est bien celui de Laodicée !
Elle est la seule église qui n'a reçu aucun point positif ni même un accessit !
Ni froide, ni chaude, mais tiède !

La ville de Laodicée était alimentée en eau par une source chaude qui venait de Hiérapolis, et par une source froide qui provenait d'un torrent montagneux près de Colosses. C'est ainsi qu'à l'arrivée l'eau était tiède et si écoeurante que, généralement on la crachait !
Le Seigneur utilise cette réalité pour faire passer son message et lancer son appel : « aie du zèle et repens-toi ! »

Ni froide, ni chaude mais, en plus, satisfaite d'elle-même, de son état, de sa richesse, de son confort matériel, de son autonomie ! Manifestement, l'esprit des habitants de cette cité riche et orgueilleuse s'est infiltré dans l'église elle-même. Cette ville tirait sa richesse de la sphère des finances, de la fabrication des textiles et de la production de remèdes, en particulier de celle d'un collyre réputé.
Elle se vantait d'être un centre de la médecine, et ses habitants s'enorgueillissaient tellement de leurs richesses qu'ils refusèrent même l'aide des Romains, lorsqu'ils subirent un grave séisme en 60 après Jésus-Christ.
« Je suis riche, je me suis enrichi, je n'ai besoin de rien ! »
Telles sont les paroles que le Seigneur attribue aux chrétiens de Laodicée. Laodicée qui signifie « justice du peuple ». Les chrétiens de Laodicée ont quitté le chemin de la justice de Dieu pour emprunter celui de la justice des hommes !

En d'autres termes, l'exemple de Laodicée doit nous inciter plus que jamais, dans nos sociétés de consommation, à une extrême vigilance envers un danger qui guette nos églises, qui est celui d'une trop grande porosité aux idées, aux courants de pensées, et aux standards de vie du monde environnant.
Trop de confort matériel, trop de facilités sont autant de facteurs d'attiédissement , de contentement de soi et d'assoupissement spirituel !

Au terme de ce bref survol, je voudrais insister sur ce qui me semble être le facteur commun à tous ces égarements, à savoir « l'aveuglement ».
- A Ephèse, les chrétiens ont perdu de vue l'élément essentiel qui donne son véritable sens à toute entreprise et à toute action chrétienne : l'amour pour Dieu et pour les frères.
- A Pergame et à Thyatire, ils ont perdu le discernement des esprits en même temps que celui de la saine doctrine. Ne discernant plus l'intérêt supérieur de la gloire de Dieu, ils ont ouvert la porte à Satan.
- Enfin, les chrétiens de Laodicée ont été aveuglés sur leur propre condition. Ils n'ont pas su discerner le glissement qui les a entraînés du spirituel vers le matériel, de l'amour de Dieu à l'amour du monde.

Nous reconnaissons bien là la marque de l'Adversaire qui use de tous ses artifices pour détourner les chrétiens des seuls objectifs qui devraient susciter et orienter leurs actions, à savoir, la seule gloire de Dieu, l'amour de la vérité et l'attachement à son Eglise.

Cependant, de ce tableau brumeux, oppressant, émergent deux lumières, scintillant comme deux phares dans la nuit qui semble tomber sur l'Eglise.
Ces deux sémaphores se dressent au milieu de la tempête qui agite l'Asie Mineure, comme autant de signes de fidélité et de résistance aux puissances adverses.

Il s'agit des églises de Smyrne et de Philadelphie.
Il me semble du plus haut intérêt de poser nos regards sur ces deux communautés qui, sur bien des points, peuvent nous servir d'exemples.

d) l'église de Smyrne :

En premier lieu, je vous invite à découvrir l'église de Smyrne.
Smyrne, une des villes les plus prospères d'Asie Mineure qui portait le nom de « métropole » autrement dit, de ville-mère, de capitale.
Les Juifs y étaient exceptionnellement nombreux et puissants et leur antagonisme violent envers l'église chrétienne affleure dans cette lettre.
Les chrétiens de Smyrne subissent en permanence des agressions de la part des Juifs.
Sur le plan économique et social, ils sont ostracisés et écartés, les réduisant à la pauvreté dans une ville opulente ; sur le plan moral, ils sont calomniés par ceux qui ont renié leur Dieu, qui se disent Juifs et qui ne sont qu'une synagogue de Satan.
Calomnies et persécutions sont donc le lot quotidien des chrétiens de Smyrne !
Cependant, ils sont riches de leur foi en Christ qui se présente à eux comme « le premier et le dernier, celui qui était mort et qui est revenu à la vie ! »
Il les encourage en leur annonçant la durée limitée de leurs tribulations :

« Ne crains pas ce que tu vas souffrir. Le diable jettera quelques-uns de vous en prison afin que vous soyez éprouvés, et vous aurez une tribulation de dix jours. Sois fidèle jusqu'à la mort et je te donnerai la couronne de vie ! »

Quel bel exemple, chers amis, que nous donnent ici les chrétiens de Smyrne !
Quel bel encouragement pour tous les frères et sœurs persécutés aujourd'hui au travers du monde !
Ce « sois fidèle jusqu'à la mort » nous renvoie à tous ceux qui, aujourd'hui comme hier, ont su résister jusqu'au bout au prix même de leur vie.
La liste des pays où nos frères sont persécutés serait trop longue à dresser ici mais, nous l'avons tous dans nos mémoires et dans nos cœurs !
Fidèles jusqu'à la mort, enfermés parfois dans des containers, sans eau ni nourriture, en plein soleil ou dans des cachots insalubres et humides dans l'obscurité la plus totale !
« Fidèles jusqu'à la mort et je te donnerai la couronne de vie ! »

Cette fidélité au Christ mort et ressuscité marque d'un sceau indélébile l'authenticité de leur foi et leur qualité incontestable d'élus de Dieu.
Plus que quiconque, ils méritent que soit inscrit en lettres de feu, au tréfonds de nos cœurs, le beau nom de « frères en Christ » !
Leur refuser ce titre, reviendrait à nier l'évidence de l'œuvre de Dieu dans leurs vies et constituerait en soi un blasphème contre son saint nom.
L'arbre se reconnaît à ses fruits et un des plus beau fruit qui soit, c'est de perdre sa vie à cause de Christ.
Plus que quiconque, ils méritent que leurs noms figurent en lettres d'or sur le frontispice de la cité céleste !
« Celui qui perdra sa vie à cause de moi et de la bonne nouvelle, la sauvera. »
Telles sont les paroles mêmes de Celui qui offrit la sienne pour notre salut. (Marc 8)

« Nous donc aussi, puisque nous sommes environnés d'une si grande nuée de témoins, rejetons tout fardeau, et le péché qui nous enveloppe si facilement et courons avec persévérance dans la carrière qui nous est ouverte, les regards sur Jésus ! » (Heb 12 v1)

e) l'église de Philadelphie :

Le second phare dont les feux à éclats se signalent à notre attention, se dresse au cœur d'une petite ville de Lydie qui porte le délicieux nom « d'amour des frères » Philadelphie .
Philadelphie, une ville à la population peu nombreuse en raison de fréquents tremblements de terre. Les chrétiens semblent n'y constituer qu'une petite communauté qui a « peu de puissance ».
Nous ne trouvons pas trace de persécution de la part des autorités païennes ni d'hérésies.
Cependant, comme à Smyrne, ce sont les Juifs qui provoquent de l'agitation et qui sont aussi appelés « une synagogue de Satan ».
S'adressant aux chrétiens, ils leur disaient : » Vous, chrétiens, vous êtes exclus du Royaume ; c'est à nous, Juifs qu'il est réservé ! »
Le Seigneur répond : « j'ai mis devant toi une porte ouverte que personne ne peut fermer ! »
Il ne fait que reprendre ses paroles adressées à Esaïe (ch 60v14 et 42v23) en les paraphrasant :
« Je tiens ma parole. Moi seul je possède la clef qui ouvre le royaume. J'ai mis devant mon peuple une porte ouverte que personne ne peut fermer. Ils entreront et l'hommage que vous, Juifs, attendez des Gentils, c'est vous qui le leur rendrez. »

L'église de Philadelphie était peu puissante aux yeux des hommes mais, elle reçoit l'hommage du Maître !

« Tu as gardé ma parole. Tu n'as pas renié mon nom. Je te garderai à l'heure de la tentation.
Retiens ce que tu as afin que personne ne prenne ta couronne ! »

Quel bel exemple de fidélité et de persévérance nous est offert ici, par l'église de Philadelphie !
Puissions-nous suivre les traces de nos bien-aimés prédécesseurs en cultivant les vertus que le Seigneur sut honorer !

Nous voici arrivés au terme de notre méditation sur les dangers encourus dans nos églises. Nous avons circonscrit notre sujet à l'examen des églises d'Asie Mineure. Cependant, il est loin d'être épuisé et c'est pourquoi, en guise de conclusion, je livrerai à votre réflexion quelques pistes en complément de ce que nous avons abordé.
Gardons-nous :
- d'un activisme stérile.
- du laxisme moral.
- du sentimentalisme.
- de l'intellectualisme.
- d'un enseignement superficiel.
- de tout orgueil communautaire.
- du perfectionnisme et de son esprit de jugement.
- de tout particularisme doctrinal conduisant au sectarisme.
- d'ultra-spiritualisme.
- de clanisme.
- de conformisme sclérosant.

Que le Seigneur nous donne la sagesse d'examiner toutes choses pour discerner le bien du mal, le mal qui vient du dehors comme celui qui agit de l'intérieur. Qu'il nous garde dans l'humilité, dans un constant esprit de repentance, dans la fidélité persévérante !

« A celui qui vaincra, je donnerai la couronne de vie ! »

V

EGLISE EN SURSIS

Textes bibliques :

1)
Jude 21 : « Maintenez-vous dans l'amour de Dieu. »
Jean 15 v 9 : « Demeurez dans mon amour. »
1 Jean v 16 : « Et nous, nous avons connu l'amour que Dieu a pour nous, et nous y avons cru. Dieu est amour, et celui qui demeure dans l'amour demeure en Dieu, et Dieu demeure en lui. »
1Tim 3 v 15 : « La maison de Dieu est l'église du Dieu vivant, la colonne et l'appui de la vérité. »
Heb 4 v 14 : « Demeurons fermes dans la foi que nous professons. »

2)
Jacques 4 v 4 : « Ne savez-vous pas que l'amour du monde est inimitié contre Dieu ? Celui donc qui veut être ami du monde se rend ennemi de Dieu. Croyez-vous que l'Ecriture parle en vain ? C'est avec jalousie que Dieu chérit l'Esprit qu'il a fait habiter en vous. »
Apoc 2 v 4 à 5 : « Ce que j'ai contre toi, c'est que tu as abandonné ton premier amour. Souviens-toi d'où tu es tombé, repens-toi et pratique tes premières œuvres ; sinon, je viendrai à toi, et j'ôterai ton chandelier de sa place, à moins que tu ne te repentes. »

L'église locale qui nous est présentée dans les Ecritures comme un corps doté d'une tête, Christ, et de membres, les chrétiens, est un organisme vivant soumis à un certain nombre de lois qui en assurent la préservation et le développement.
Pour ce qui concerne la vie de la ruche, ces lois sont du domaine de la biologie, pour ce qui concerne l'église locale, elles relèvent du domaine spirituel.

Nous avons pu constater un certain nombre d'analogies entre le monde des abeilles et la communauté chrétienne. Nous avons ainsi pu souligner la place centrale du Seigneur Jésus-Christ au service duquel chaque chrétien exerce le don qu'il a reçu. Nous avons aussi remarqué que ce dernier doit sa nouvelle nature spirituelle à ce même Christ qui l'a engendré en versant dans son cœur son esprit de vie, et en le nourrissant chaque jour de la gelée royale de son amour. C'est ce même amour qui, comme la phéromone royale imprègne chaque chrétien, lui confère son identité d'enfant de Dieu et en même temps, l'incite à joindre son action à celle de ses frères en synergie et en harmonie avec eux.
Nous avons pu voir aussi, qu'à l'instar des abeilles, les membres de l'église locale ont à leur disposition tout un arsenal de moyens de communication verbale et non verbale à des fins diverses toujours orientées vers la protection et le développement de la communauté. Enfin, nous nous sommes attardés sur les dangers qui guettent l'église locale, dangers de l'intérieur et dangers de l'extérieur, dangers subtils et dangers grossiers, les uns comme les autres constituant un péril pour la communauté.

1) la ruche bourdonneuse :

En étudiant avec un intérêt croissant et émerveillé la vie des abeilles, ma curiosité a été piquée à vif, non par un de ces bienfaisants hyménoptères, mais par la lecture des trois termes suivants : « la ruche bourdonneuse. »
Il est des mots, dans notre belle langue, qui sont trompeurs en raison même de leur consonance. Ainsi en est-il du qualificatif « bourdonneuse » que l'on associe, par ignorance et par erreur, au bourdonnement de la ruche. En réalité ce terme ne fait pas référence au bruit que l'on perçoit à l'approche d'une ruche bourdonnante, mais il renseigne sur la constitution même de la colonie qui, pour les raisons que nous allons découvrir, va voir sa population se masculiniser par la naissance de faux bourdons à la place d'abeilles ouvrières.
Quatre questions se posent à nous :
- Quelles sont les causes d'un tel phénomène ?
- Comment se réalise un tel changement ?

- Quelles sont les caractéristiques de la ruche bourdonneuse ?
- Quelles en sont les conséquences ?

En premier lieu, attachons-nous à en découvrir les causes.
Pour ce faire, un bref rappel ne sera pas inutile.
Souvenons-nous qu'au sein de la colonie, seule la reine est féconde et assure la reproduction à raison de 1500 œufs par jour et ceci durant 4 à 5 ans.
Souvenons-nous aussi que la diffusion de sa phéromone mandibulaire (QMP) dans la ruche, bloque l'ovulation des abeilles ouvrières et les stimule dans leurs tâches.
Souvenons-nous enfin que les abeillauds ou faux-bourdons, au nombre de quelques centaines, incapables de butiner à cause de leurs trompes trop courtes, sont issus d'ovules non fécondés, dits haploïdes (un seul chromosome).
Comme vous l'avez compris, c'est cette phéromone royale qui sert de chef d'orchestre à cette laborieuse compagnie.
Qu'elle vienne à manquer et la vie de la colonie va en être bouleversée et donner naissance à une ruche bourdonneuse.
Plusieurs cas de figure peuvent conduire à ce désastre qui désempare la colonie devenue orpheline de sa reine.
- Il peut arriver que les nymphes royales meurent, empêchant ainsi leur élevage et donc, la naissance d'une nouvelle reine.
- Il peut aussi advenir que la jeune reine ne revienne pas de son vol nuptial.
- Une jeune reine peut aussi naître aptère, c'est-à-dire sans ailes et être donc dans l'incapacité d'effectuer son vol nuptial.
- Elle peut aussi être malformée anatomiquement et être infécondable.
- Elle peut aussi subir, lors de son vol nuptial, des intempéries qui rendent impossible sa fécondation. Dans ce cas-là, elle ne pondra que des mâles.
- Il reste un dernier cas, celui de la vieille reine, épuisée, dite « arrhénotoque » qui ne pond plus que des œufs mâles.

Que se passe-t-il donc, lorsque dans les cas évoqués, le taux de phéromone royale , la QMP, vient à disparaître ?
En général, c'est au bout de 72 heures que la colonie va réagir à l'absence de la reine.

C'est alors que les ovaires des ouvrières dites pondeuses, libérées de la castration chimique induite par la QMP, vont produire des œufs non fécondés qui ne donneront naissance qu'à des mâles. Ce phénomène porte le non de parthénogénèse, processus de multiplication à partir d'un gamète femelle (cellule reproductrice).
Dès lors, la ruche va peu à peu se peupler de faux- bourdons qui sont voués à une mort certaine, tandis que les ouvrières, désorganisées, vont adopter des comportements insolites et anormaux.

Quelles sont les caractéristiques visibles de la ruche bourdonneuse ?
- Son activité est au ralenti, moins de sorties pour le butinage.
- Toute arrivante doit affronter des gardiennes vigilantes et très défensives : l'odeur de la phéromone royale n'est plus là pour l'identifier.
- Lors d'un choc sur la ruche ou à son ouverture, les abeilles sont excitées et agressives.
- La ponte est peu abondante, inorganisée, non concentrique et dispersée. Il arrive même que plusieurs œufs soient déposés dan une même cellule.

L'avenir d'une telle colonie est des plus sombres. Une telle ruche bourdonneuse est condamnée à voir sa colonie disparaître faute de reine.
Toutefois, l'intervention providentielle d'un apiculteur attentionné et expert, peut enrayer ce phénomène. Cette opération porte le nom de « remérage.»
Je vous ferai grâce des techniques opératoires qui permettent d'enrayer ce processus néfaste pour la colonie.
Je me contenterai de vous rapporter les propos avisés d'un professionnel qui dit ceci : « On ne donne pas une reine à une colonie orpheline, désorganisée et stressée, mais une colonie à la reine. »
Il est cependant des cas où ces procédures, qui permettent à une colonie d'être sauvegardée et de prendre un nouveau départ, sont vouées à l'échec.
La seule solution consiste alors, par une belle journée ensoleillée, à l'éliminer en la secouant.
Les abeilles non pondeuses se disperseront alors et iront renforcer les ruches voisines.

2) L'église bourdonneuse :

Le moment est venu de nous interroger sur les leçons spirituelles que nous pouvons tirer de ces épisodes dramatiques qui affectent parfois la vie de la ruche.
En d'autres termes, nous devons essayer de répondre aux questions suivantes :
- Peut-il advenir qu'une église locale devienne bourdonneuse ?
- Si tel est le cas, peut-on en identifier les causes ?
- Quels sont les signes qui permettent de poser un tel diagnotic ?
- Quelles en sont les conséquences ?
- Un remérage est-il possible et quelles en sont les conditions ?
- Y a-t-il des cas où cette action de sauvetage est rendue impossible et qu'advient-il alors de la communauté ?

La première question qui se pose à nous peut se résumer en ces termes : « une église peut-elle devenir bourdonneuse ? » En d'autres termes, peut-elle devenir orpheline de son roi, Jésus-Christ ?
A cette question, la réponse est oui, en précisant qu'il convient d'expliciter le terme d'orphelin.
Par définition, l'orphelin est l'enfant qui a perdu ses parents ou l'un d'entre eux (Dict Littré)
Cette définition est, cependant, restrictive. Si l'on se réfère au terme grec, orphanos, qui en est la racine, on remarque que son sens premier fait appel à la notion de privation, sans préciser l'origine de cette privation.
C'est ainsi qu'une église peut être privée de son chef Christ, par des agents extérieurs ou bien s'en priver elle-même.
Dans les deux cas, ce sera une église orpheline !
Cela ne signifie en rien que le Seigneur l'ait abandonnée, la laissant orpheline, n'a-t-il pas dit à ses disciples, dans Jean 14 v 18 : « je ne vous laisserai pas orphelins », mais cela signifie que c'est l'église elle-même qui a abandonné son Maître.

La seconde question nous renvoie logiquement aux causes qui sont susceptibles de priver l'église locale de son roi.
Disons-le tout net, l'artisan de cette sinistre entreprise de destruction porte le triste nom de diable, étymologiquement, celui qui calomnie et

divise, ou de Satan qui signifie, ennemi, ou encore, de père du mensonge.

J'arrête là cette sombre énumération qui est suffisante pour imaginer la nature des armes qu'il va utiliser contre le peuple de Dieu.

L'histoire de l'Eglise est bien présente pour illustrer la façon, ou plutôt, les mille et une façons utilisées au cours des siècles par l'Adversaire pour détourner ses regards de Jésus-Christ, son Roi et la rendre stérile.

Le Seigneur Jésus lui-même, qui avait lutté 40 jours et 40 nuits contre le diable en personne en résistant à toutes ses tentations, connaissait mieux que quiconque son expertise en matière de ruse et de mensonge, en même temps que sa science des faiblesses de l'âme humaine.

On comprend donc pourquoi il a multiplié ses avertissements à ses disciples pour les prémunir contre ces dangers. Dans Jean 7 v 15, nous lisons :

« Gardez-vous des faux prophètes. Ils viennent à vous en vêtements de brebis, mais, en dedans, ce sont des loups ravisseurs. Vous les reconnaîtrez à leurs fruits. »

Bien plus tard, évoquant les signes annonciateurs de la destruction du temple de Jérusalem ainsi que ceux de son retour, il insiste à nouveau sur ce point dans Matthieu 24 v 4 et 11 :

« Prenez garde que personne ne vous séduise. Car plusieurs viendront sous mon nom, disant : c'est moi qui suis le Christ. Et ils séduiront beaucoup de gens….v11 : plusieurs prophètes s'élèveront et ils séduiront beaucoup de gens. Et, parce que l'iniquité se sera accrue, la charité du plus grand nombre se refroidira. »

L'apôtre Paul, à l'instar de son Maître, va lui aussi mettre en garde les chrétiens.

Ecoutons-le lorsqu'il s'adresse aux anciens d'Ephèse, alors qu'il s'apprête à les quitter sur les quais du port de Milet. Il sait qu'il ne les reverra plus et ses ultimes recommandations, empreintes d'émotion, traduisent le souci qu'il porte en son cœur pour cette église qui lui est chère.

Actes 20 v 29 : « Prenez donc garde à vous-mêmes et à tout le troupeau sur lequel le Saint-Esprit vous a établis évêques pour paître l'Eglise du Seigneur, qu'il s'est acquise par son propre sang. Je sais qu'il s'introduira parmi vous, après mon départ, des loups cruels qui

n'épargneront pas le troupeau, et qu'il s'élèvera du milieu de vous des hommes qui enseigneront des choses pernicieuses pour entraîner des disciples après eux. Veillez donc, vous souvenant que durant trois années, je n'ai cessé nuit et jour d'exhorter chacun de vous. »
Le même apôtre, dans sa seconde lettre aux chrétiens de Corinthe, défendant âprement son apostolat, met en cause avec ardeur, ceux qui détournent les chrétiens de Jésus-Christ.
2 Cor 11 v 2 : « de même que le serpent séduisit Eve par la ruse, je crains que vos pensées ne se corrompent et ne se détournent de la simplicité à l'égard de Christ. Car si quelqu'un vient prêcher un autre Jésus que celui que nous avons prêché, ou si vous recevez un autre Esprit que celui que vous avez reçu, ou un autre Evangile que celui que cous avez embrassé, vous le supportez fort bien. »
Plus loin, parlant de ceux qui entraînent les chrétiens sur une mauvaise voie, Paul déclare au verset 13 :
« Ces hommes-là sont de faux apôtres, des ouvriers trompeurs, déguisés en apôtres de Christ. Et, cela n'est pas étonnant, puisque Satan lui-même se déguise en ange de lumière. Il n'est donc pas étrange que ses ministres aussi se déguisent en ministres de la justice. Leur fin sera selon leurs œuvres. »

Tous les textes que nous venons de lire sont autant de démonstrations de la nature perverse des entreprises de l'Adversaire. J'utilise le terme pervers à dessein, car il signifie étymologiquement : renverser, retourner (lat : pervertere).
Or, il est ici renforcé par une série de qualificatifs évocateurs de la nature des moyens utilisés par Satan :
- pernicieux qui signifie la ruine (lat : pernicies de nex-necis :la ruine)
- corrompu.
- fausseté, tromperie, déguisés, séduction.
Nous l'avons compris, le but de l'Adversaire est de séduire les chrétiens par la tromperie pour les conduire à la ruine.
Pour ce faire, il met tout en œuvre pour détourner leurs regards de Christ et les arracher à son magistère. Dès lors, privés de son influence vivifiante et sanctifiante, tels des orphelins devenus des proies faciles, ces chrétiens seront voués à leur instinct naturel, autrement dit dénaturé, par l'inspiration maléfique de leur ancien maître.

Le tableau que nous brosse l'Apocalypse, sous la plume de Jean, nous donne un exemple des différents stades de dégénérescence qui conduisent à l'état d'église bourdonneuse.
- L'église d'Ephèse a perdu son premier amour. Certes, elle est fidèle à la doctrine et elle combat les faux apôtres. Certes, elle persévère malgré les persécutions et elle hait les Nicolaïtes, mais elle a perdu son premier amour !
Autrement dit, elle n'est plus sensible à la phéromone royale, ce puissant stimulant spirituel !
Elle risque de perdre son identité d'église du Christ et de devenir stérile ! C'est une église en danger !
- Le cas de l'église de Pergame nous décrit un stade plus avancé de dégradation.
Certes, elle retient le nom de Christ et n'a pas renié sa foi malgré un environnement satanique mais elle a conservé comme membres des adeptes de la doctrine de Balaam qui incitent à manger des viandes sacrifiées aux idoles et à pratiquer l'impudicité.
Autrement dit, par manque de discipline, l'église est peu à peu envahie par de faux chrétiens qui vont la contaminer. Ici encore, nous constatons un abandon des directives du Maître et de son influence purificatrice.
Une nouvelle église bourdonneuse vient de naître !
- Le cas de l'église de Thyatire, bien que proche de celui de Pergame, a ceci de particulier que le mal, personnifié par la prophétesse Jézabel, est accepté malgré ses enseignements pervers.
Cependant, cette église est connue pour ses œuvres, son amour, sa foi, son fidèle service, sa constance et son zèle. Le Seigneur va donc utiliser un moyen radical, la débarrasser de ses parasites par le criblage de la tribulation, tout en assurant de son soutien ceux qui sont restés purs.
Nous avons ici la représentation de l'église bourdonneuse où cohabitent des chrétiens authentiques avec des chrétiens dénaturés et contre-productifs
- l'état de l'église de Sardes est des plus alarmants. Il s'agit d'une église bourdonneuse arrivée à un stade avancé. « Je sais que tu passes pour être vivant, mais tu es mort. Je n'ai pas trouvé tes œuvres parfaites devant Dieu » dit le Seigneur.

- Enfin, celui de Laodicée est le type même de l'église bourdonneuse improductive et stérile.
Ni froide, ni bouillante mais tiède à en vomir.
Toute vie spirituelle semble avoir disparu. Nous pouvons voir dans le tableau de cette église, la représentation de l'église bourdonneuse en son stade ultime.
Eglise qui s'est détournée des richesses spirituelles dispensées par Jésus-Christ, son roi, pour ne se repaître que des richesses matérielles et se laisser envahir et séduire par l'atmosphère de lucre et d'orgueil qui caractérisait alors la ville de Laodicée.

A la lumière de ce que nous venons de découvrir, nous pouvons essayer de répondre à notre seconde question : quelles peuvent être les causes d'une telle décadence ?
En réalité, nous pourrions dire qu'il n'y a qu'une cause véritable que vous avez devinée, puisqu'il s'agit de l'éloignement allant jusqu'à la mise à l'écart de l'autorité et de la souveraineté de Jésus-Christ, le chef de l'Eglise. Eloignement doublé d'un aveuglement coupable et délétère !
Cependant, cet éloignement se décline de plusieurs manières et à des degrés divers.
- on peut s'éloigner de Christ en ne cultivant plus l'amour/agapè qui nous relie à Lui et à nos frères. Dès lors, toutes sortes de désordres vont apparaître, paralysant l'église et la stérilisant.
- On peut s'éloigner de Christ en n'étant plus fidèle à la saine doctrine et en tolérant des enseignements et des pratiques qu'il dénonce et réprouve.
- On peut s'éloigner de Christ en ayant une vie spirituelle réduite à zéro, masquée par un activisme trompeur et stérile au travers d'œuvres imparfaites car dénaturées.
- Enfin, on peut s'éloigner de Christ par un retour aux valeurs du monde qui sont les richesses et l'orgueil de la vie.

Dans tous ces cas, l'éloignement, voire la séparation d'avec la phéromone royale, va favoriser l'émergence de tous les phénomènes funestes et maléfiques que nous venons d'évoquer.

La troisième question concerne les signes alarmants, annonciateurs de telles mutations.
Il ne s'agit pas ici d'en établir une liste exhaustive mais, de pointer du doigt quelques indices révélateurs dont l'accumulation détermine le niveau d'atteinte et de dénaturation de l'église.
- A commencer par l'amenuisement de l'amour fraternel. Nous le savons bien, la source de cet amour, qui se traduit par la communion fraternelle, n'est autre que l'amour même du Christ exprimé dans chacun de ses disciples. C'est cette phéromone royale qui, par son imprégnation dans chacun des membres, va orienter leurs pensées vers ce qui est bon et juste, susciter en eux des sentiments d'humilité et de générosité et organiser leurs actions vers ce qui est harmonieux et digne d'honorer le Christ.
- Une église en perte d'amour se signalera par la formation de clans, de coteries, de partis, par une tendance aux commérages, aux critiques, par des disputes voire des divisions, par un manque d'accueil aux nouveaux venus, par un ralentissement des actions d'évangélisation, par une baisse de son rayonnement individuel et collectif.
En d'autres termes, c'est une église qui n'est plus exclusivement conduite par le Saint-Esprit et qui, peu à peu, engendre des chrétiens charnels.

Un autre signe alarmant concerne, cette fois-ci, la perversion de la doctrine chrétienne.
Je ne parle pas ici des hérésies grossières et facilement repérables comme l'arianisme qui nie la divinité de Christ, mais, plutôt, de certaines orientations théologiques qui, par les glissements qu'elles opèrent, conduisent à un éloignement insidieux de la personne centrale de la foi chrétienne qui est le Christ lui-même.
C'est ainsi que l'Adversaire qui est malin, va orienter le regard de certains chrétiens authentiques, vers des objets qui méritent, certes, un véritable intérêt, mais de façon si exclusive qu'ils vont monopoliser leurs pensées, alimenter leur réflexion, engendrer parfois la spéculation, au point de cacher à leurs yeux Celui-là même qui devrait être au centre de leurs préoccupations.

Ces objets sont multiples car chaque point de doctrine ou de pratique de vie chrétienne, peut être utilisé par l'Adversaire pour détourner les regards de Christ.

C'est ainsi que, par exemple :

- une hypertrophie de la personne du Saint-Esprit au sein de la trinité, peut conduire, non seulement à une conception erronée de la personne divine, en minimisant le rôle du Père et celle du Fils, mais, de surcroît, générer des enseignements puis des comportements préjudiciables à une croissance spirituelle équilibrée.

- ainsi en est-il de certaines conceptions de la sanctification qui, l'assimilant au perfectionnisme, font davantage appel à des ressources charnelles que spirituelles.

Dans cette approche, l'action du Saint-Esprit est davantage perçue dans une dimension sentimentale et émotionnelle, du domaine du ressenti, que dans sa dimension spirituelle qui emprunte la voie scripturaire du renouvellement de l'intelligence, mot banni du vocabulaire de certains frères.

- C'est ainsi aussi que certains milieux chrétiens cultivent à l'excès leur intérêt pour les évènements prophétiques concernant, entre autres, les signes annonciateurs du retour du Seigneur.

Certes, notre regard ne doit pas se détourner de tout ce qui est révélateur d'une échéance aussi glorieuse à laquelle nous aspirons tous de conserve avec l'apôtre Jean : « Viens, Seigneur Jésus ! », cependant, l'histoire nous démontre à foison, qu'un tel engouement conduit parfois à d'énormes erreurs et à des divisions douloureuses, préjudiciables à l'ensemble du corps de Christ .

Par-dessus tout, cet intérêt exclusif a comme effet négatif, non seulement de placer le Seigneur au second plan des seules préoccupations légitimes du chrétien, mais, souvent, de développer une forme d'ostracisme à l'égard de ceux qui ne partagent pas le même point de vue.

Préoccupés par l'avenir, ils en oublient le présent et son devoir sacré : « Allez, faites des disciples ! »

C'est ainsi que !…….la liste pourrait s'allonger pour illustrer la façon dont les meilleures choses peuvent être détournées de leur sens et dénaturées par l'action du séducteur.

On pourrait y ajouter la notion de péché, de salut, des dons de l'Esprit etc….

Dans tous les cas, il est important de constater et de souligner que le Seigneur perd peu à peu du terrain dans le cœur de ces chrétiens et au sein de l'église locale.

Le troisième signe alarmant concerne les églises dont l'activité spirituelle présente un « électropneumogramme » plat !
J'entends le Seigneur leur dire : » Vous m'appelez Seigneur, Seigneur ; mais je ne vous ai jamais connus ! » (Mat 7 v 23)
Ces églises en ont l'apparence, elles ont leurs rituels, leurs cérémonies, leur vocabulaire biblique. Elles sont parfois actives sur le plan social ou sur celui de la propagande, mais, tout ceci n'est que forme sans fondement véritablement spirituel.
Ces églises se sont sécularisées et vidées de leur substance !

Le dernier signe, qui n'est pas sans rapport avec le précédent, concerne les églises qui sont si bien intégrées dans leur monde environnant qu'elles en ont adopté les mœurs et la mentalité. Elles ont oublié l'exhortation de Paul à ne pas se conformer au siècle présent. Elles sont fières de leur notoriété et de leur confort matériel.

Le tableau incomplet que je viens de brosser n'a rien de surréaliste malheureusement, et plus que jamais, nous devons rester vigilants d'autant que le jour approche !

« Que celui qui croit être debout prenne garde de tomber ! » disait notre Maître,
- de tomber dans la tentation.
- de tomber dans l'erreur.
- de tomber dans l'autosatisfaction.
- de tomber dans l'orgueil collectif.
- de tomber dans le sommeil du confort.
- de tomber dans le conformisme.
- de tomber dans le pharisaïsme………..etc

Que le Seigneur nous préserve de devenir une église bourdonneuse, et si, par triste hypothèse, l'un des signes décrits venait à être détecté par

l'un de ses membres, sachez qu'il existe un moyen pour enrayer ce processus diabolique.
Ce moyen, nous en connaissons le nom : le remérage !
En l'occurrence, j'emploierai pour l'église le terme de « repérage ».
Repérage pour signifier le retour au Père et repérage pour rappeler que Christ doit être notre seul repère
Remérage ou repérage ne requiert qu'une seule attitude mentionnée par le Seigneur aux églises d'Asie Mineure : « repens-toi ! »
autrement dit :

« Reviens à moi, je suis le chemin, la vérité et la vie ! »

VI

LE ROLE ECOLOGIQUE DE L'EGLISE

1) Rappels utiles :

Nous voici arrivés au terme de notre série de méditations sur l'Eglise, appuyées sur la Parole de Dieu et illustrées par l'étude de la vie des abeilles.
Successivement, nous avons découvert la personne du Christ, chef de l'Eglise en parallèle avec l'abeille-reine, mère de la colonie des abeilles ; les tâches des chrétiens dans la communauté, aussi diverses que celles des ouvrières ; la communication entre les membres de l'Eglise et avec leur divin pasteur, caractérisée par l'amour/agapè, en relation avec la phéromone royale qui organise les rapports entre abeilles et coordonne leurs actions ; les dangers auxquels sont confrontées les églises locales au même titre que les colonies d'abeilles souvent mises en péril par des agents extérieurs et intérieurs ; enfin, nous avons analysé les facteurs d'atteinte mortelle de l'église en nous appuyant sur le phénomène de la ruche bourdonneuse.
Il m'aurait été pénible de clore cette suite de messages sur une note aussi sombre, démoralisante, dans tous les cas aussi attristante.
Fort heureusement, un sujet réjouissant va me permettre de conclure sur des accents optimistes, mobilisateurs, dynamisants et riches d'espérance pour les membres d'église que nous sommes.
Il s'agit, en termes spécifiques au monde apicole, du rôle écologique des abeilles.
Mais, auparavant, permettez-moi de vous faire la lecture d'une série de textes choisis à dessein pour orienter nos pensées, les clarifier, les stimuler, et pour nous diriger dans l'analyse et la transposition sur le plan spirituel du thème précité : le rôle écologique des abeilles. Pour en souligner la pertinence, il convient de retenir, au cours de leur lecture, que ceux qui répandent la bonne nouvelle du salut par Jésus-

Christ, sont assimilables aux abeilles qui transportent le pollen qui permettra l'émergence de la vie.

2) Textes bibliques :

Luc 4 v 18 : « L'Esprit du Seigneur est sur moi, dit Jésus, parce qu'il m'a oint pour annoncer une bonne nouvelle aux pauvres ; il m'a envoyé pour guérir ceux qui ont le cœur brisé, pour proclamer aux captifs la délivrance, et aux aveugles le recouvrement de la vue, pour renvoyer libres les opprimés, pour publier une année de grâce du Seigneur. »

Matthieu 4 v 23 : « Jésus parcourait la Galilée, enseignant dans les synagogues, prêchant la bonne nouvelle du royaume. »

Luc 9 v 1,6 : « Jésus, ayant assemblé les douze…les envoya prêcher le royaume de Dieu et guérir les malades….Ils partirent, et ils allaient de village en village, annonçant la bonne nouvelle et opérant partout des guérisons. »

Marc 16 v15 : « Jésus dit aux onze : allez par tout le monde et prêchez la bonne nouvelle à toute la création ..v19..le Seigneur, après leur avoir parlé fut enlevé au ciel et il s'assit à la droite de Dieu. Et, ils s'en allèrent prêcher partout. Le Seigneur travaillait avec eux et confirmait la parole par les miracles qui l'accompagnaient. »

Matthieu 28 v 19 : dernières paroles de Jésus aux onze : « Allez, faites de toutes les nations des disciples, les baptisant au nom du Père, du Fils et du Saint-Esprit, et enseignez-leur à observer tout ce que je vous ai prescrit. Et voici, je suis avec vous, tous les jours, jusqu'à la fin du monde. »

Avec l'élévation du Christ dans les cieux et l'effusion du Saint-Esprit dans le cœur des croyants à la Pentecôte, une ère nouvelle vient de s'ouvrir.
Que nous apprennent les textes bibliques sur l'annonce de la bonne nouvelle et sur la transmission de l'Evangile ?

Actes 4 v 29-30 :
Pierre et Jean viennent d'être traduits devant le sanhédrin, et l'opposition d'Hérode et de Ponce Pilate se fait pressante. Ecoutons la prière des disciples :
« Et maintenant, Seigneur, vois leurs menaces, et donne à tes serviteurs d'annoncer ta parole avec une pleine assurance, en étendant ta main, pour qu'il se fasse des guérisons, des miracles et des prodiges, par le nom de ton saint serviteur Jésus. Quand ils eurent prié, le lieu où ils étaient assemblés trembla ; ils furent tous remplis du Saint-Esprit, et ils annonçaient la Parole de Dieu avec assurance. La multitude de ceux qui avaient cru, n'était qu'un cœur et qu'une âme. »

Quelques années plus tard, nous découvrons avec joie que l'Evangile a progressé et que de nombreux propagateurs de la bonne nouvelle se sont levés à l'appel du Seigneur.
L'ordre du Seigneur a été entendu et suivi à la lettre malgré des avertissements peu réjouissants. Souvenez-vous de ses paroles dans Matthieu 10 v 16 :
« Voici, je vous envoie comme des brebis au milieu des loups. Soyez donc prudents comme des serpents et simples comme des colombes. Mettez-vous en garde contre les hommes ; car ils vous livreront aux tribunaux, et ils vous battront de verges dans les synagogues ; vous serez menés à cause de moi devant des gouverneurs et devant des rois, pour servir de témoignage à eux et aux païens. Mais, quand on vous livrera, ne vous inquiétez ni de la manière dont vous parlerez, ni de ce que vous direz : ce que vous aurez à dire vous sera donné à l'heure même ; car ce n'est pas vous qui parlerez, c'est l'Esprit de votre Père qui parlera en vous. »

Les quelques textes suivants illustrent l'engagement de quelques grandes figures qui mirent leur vie au service de l'Evangile.
L'apôtre Paul en est un exemple typique.

Romains 1v1 : « Paul, serviteur de Jésus-Christ, appelé à être apôtre, mis à part pour annoncer l'Evangile de Dieu. »

1 Corinthiens 9v16 : « Si j'annonce l'Evangile, ce n'est pas pour moi un sujet de gloire, car la nécessité m'en est imposée, et malheur à moi si je n'annonce l'Evangile !...v18 : Quelle est donc ma récompense ? C'est d'offrir gratuitement l'Evangile que j'annonce, sans user de mon droit de prédicateur de l'Evangile. »

Ecrivant aux chrétiens de Rome, Paul laisse aller sa verve pour souligner l'importance de l'annonce de l'Evangile.
Romains 10v14 : « Comment donc invoqueront-ils celui en qui ils n'ont pas cru ? Et comment croiront-ils en celui dont ils n'ont pas entendu parler ? Et comment en entendront-ils parler s'il n'y a personne qui prêche ? Et comment y aura-t-il des prédicateurs, s'ils n'ont pas été envoyés ? Selon ce qui est écrit : qu'ils sont beaux les pieds de ceux qui annoncent la paix, de ceux qui annoncent de bonnes nouvelles. »

On n'est donc pas étonné de ces paroles qu'il adresse à son jeune frère, ami, stagiaire et co-ouvrier, Timothée dans 2 Tim 4 v 5 :
« Je te conjure devant Dieu et devant Jésus-Christ, qui doit juger les vivants et les morts, et au nom de son apparition et de son royaume, prêche la parole, insiste en toute occasion, favorable ou non, reprends, censure, exhorte en toute douceur et en instruisant…sois sobre en toute chose, remplis bien ton ministère. »

Le mot d'ordre est clair !
Annoncer la bonne nouvelle du salut en Jésus-Christ, mobiliser une cohorte de témoins qui, à la suite des onze apôtres, leur emboîteront le pas sur un chemin semé d'embûches.
Souvenons-nous d'Etienne, de Philippe, de Tite, de Priscille et Aquila pour ne citer qu'eux.
Leur nombre est si grand que l'auteur de l'épître aux Hébreux n'hésite pas à nous exhorter en ces termes :
« Nous donc aussi, puisque nous sommes environnés d'une si grande nuée de témoins…. courons avec persévérance dans la carrière qui nous est ouverte. »

Une si grande nuée de témoins dont le chapitre précédent nous décrit les tourments qu'ils durent subir pour rester fidèles à leur Maître et à leur vocation de témoins-martyrs, car tel est le sens littéral du terme grec.

Tous ces témoins nous sont présentés bien vivants dans les cieux, en présence de leur divin Maître. Ecoutons ce que l'apôtre Jean nous révèle au chapitre 6v9 de son Apocalypse :
« Quand il ouvrit le cinquième sceau, je vis sous l'autel les âmes de ceux qui avaient été immolés à cause de la Parole de Dieu et à cause du témoignage qu'ils avaient rendu..v11 : une robe blanche fut donnée à chacun d'eux ; et il leur fut dit de se tenir en repos quelques temps encore, jusqu'à ce que fut complet le nombre de leurs compagnons qui devaient être mis à mort comme eux. »

Un peu plus loin, chapitre 12v10, dans une scène qui prélude au grand dénouement, nous pouvons lire ce magnifique texte, empreint de solennité et riche de toute la grandeur et de la puissance divine :
« Et j'entendis dans le ciel une voix forte qui disait : maintenant le salut est arrivé, et la puissance, et le règne de Dieu, et l'autorité de son Christ ; car, il a été précipité l'accusateur de nos frères, celui qui les accusait jour et nuit devant notre Dieu.
Ils l'ont vaincu à cause du sang de l'agneau et à cause de la parole de leur témoignage, et ils n'ont pas aimé leur vie jusqu'à craindre la mort. C'est pourquoi, réjouissez-vous cieux, et vous qui habitez dans les cieux ! Malheur à la terre et à la mer car le diable est descendu vers vous, animé d'une grande colère, sachant qu'il a peu de temps ! »

Manifestement, ces témoins ont entendu cet avertissement du Maître qui nous est aussi adressé :
Matthieu 10v28 : « Ne craignez pas ceux qui tuent le corps et qui ne peuvent tuer l'âme ; craignez plutôt celui qui peut faire périr l'âme et le corps dans la géhenne ! »

Tous ces témoins que nous avons évoqués et dont les derniers cités furent les prémices, surent mettre en pratique les conseils de Seigneur et rester attachés à sa Parole.
Ils ont su garder dans leurs cœurs et dans leurs mémoires ces paroles qui devraient être imprimées, que dis-je, tatouées dans chaque fibre de notre être, esprit, âme et corps, paroles incarnées par Jésus-Christ lui-même :

Matthieu 5v13 : « Vous êtes le sel de la terre. Mais, si le sel perd sa saveur, avec quoi la lui rendra-t-on ? Il ne sert plus qu'à être jeté dehors et foulé au pied par les hommes.
Vous êtes la lumière du monde. Une ville située sur la montagne ne peut être cachée ; et on n'allume pas une lampe pour la mettre sous le boisseau, mais on la met sur le chandelier et elle éclaire tous ceux qui sont dans la maison.
Que votre lumière luise devant les hommes : afin qu'ils voient vos bonnes œuvres et qu'ils glorifient votre Père qui est dans les cieux ! »

Nous comprenons mieux le rôle éminent que le Seigneur a attribué à l'Eglise qui est son corps, colonne et appui de la vérité, ainsi qu'à chacun des membres de chaque église locale.
Cette sainte et noble tâche s'inscrit dans le généreux plan de Dieu, que son amour pour ses créatures perverties, conduisit à sacrifier son Fils bien-aimé, pour payer le prix de leurs fautes et de leur péché que sa parfaite justice condamnait.

Pour mieux en saisir le sens et la portée, je vous propose maintenant de revenir à la parabole de la ruche.

3) le rôle écologique de la ruche :

Parmi les vocables qui font florès depuis quelques temps dans les médias, il en est un qui ne vous aura pas échappé, c'est celui
« d'écologie ». Pour le commun, l'évocation de ce terme mobilise la pensée autour des notions d'économie d'énergie, d'usage de produits naturels, de consommation raisonnée, de retour au biologique, de refus du gaspillage, que sais-je encore ?
Dans tous les cas, l'écologie symbolise l'opposition à tout ce qui génère de la pollution : pollution de l'air, pollution des sols, pollution des nappes phréatiques, des mers et des océans.
A ce concept d'écologie vient s'ajouter celui de protection de la biodiversité.
Tout ceci est vrai mais ce foisonnement de notions mérite quelques éclaircissements et quelques précisions.
Le terme écologie a pour racine grecque le mot « oikos » qui désigne la maison et l'habitat.

Il en découle que l'écologie est la science qui étudie les conditions d'existence d'un être vivant et les rapports qui s'établissent entre cet être et son environnement.
Plus largement, l'écologie étudie les conditions d'existence des êtres vivants et les interactions de toutes natures qui existent entre ces êtres vivants et le milieu extérieur.

C'est donc dans ce cadre que s'inscrit ce qu'il y a lieu d'appeler « le rôle écologique des abeilles », lequel, comme nous allons le voir occupe une place éminente dans l'équilibre biologique de la planète. De même en sera-t-il aussi de notre approche du rôle écologique de l'église locale.
A leur sujet, rappelons la formule employée par Albert Einstein au sujet de leur disparition :
« Si l'abeille venait à disparaître, l'humanité n'aurait que quelques années à vivre. »
Cette sentence donne froid dans le dos et, cependant, elle mérite d'être méditée.
En effet, il ne fait aucun doute, aux yeux des scientifiques, que les abeilles jouent un rôle écologique éminent par leur contribution majeure dans la pollinisation des plantes, action indispensable au fonctionnement des écosystèmes, à la biodiversité florale et faunistique et à l'agriculture.
L'abeille est considérée, de fait, comme un véritable ingénieur écologique et agronomique dont la fonction est indispensable. De plus, elle est un indicateur biologique exceptionnel, véritable sentinelle de la qualité de l'environnement.
Elle joue un rôle primordial dans les différentes phases de la vie de nombreuses espèces animales et végétales. C'est ainsi que, si les abeilles venaient à disparaître, des multitudes de plantes ne pourraient plus se reproduire et, par voie de conséquence, leur disparition engendrerait la perte de nombreuses espèces animales dont l'homme se nourrit.
L'abeille contribue, en effet, à la survie de 80% des espèces végétales dans le monde et à la production de 84% des espèces vivrières cultivées en Europe, c'est tout dire !
Or, comme nous avons eu l'occasion de le dire lors de l'étude des dangers, leur pérennité est terriblement menacée depuis ces dernières

décennies, par l'emploi de pesticides ultra toxiques. Depuis dix ans, des milliards d'abeilles sont décimées chaque année et, en France, l'Union Nationale des Apiculteurs Français, dénombre 2000 à 3000 cessations d'activité par an !
Nous assistons-là aux conséquences d'un conflit d'intérêt entre l'énorme lobby des maïsiculteurs et des firmes d'insecticides d'une part, et les confédérations d'apiculteurs, d'autre part. Autrement dit, du pouvoir de l'argent concentré entre quelques multinationales contre une multitude de petites entreprises désargentées !

Le processus de pollinisation :

J'aimerais, maintenant, m'arrêter quelques instants avec vous sur le processus de pollinisation.
Il s'agit du mode privilégié de reproduction de certaines plantes qui consiste à transporter un grain de pollen depuis l'étamine (organe mâle) afin que celui-ci rencontre les organes femelles de la même espèce, les pistils, rendant possible la fécondation et, par là, la reproduction de la plante.
Plusieurs modes de pollinisation existent utilisant la voie aérienne (anémophilie), la voie hydraulique (hydrogénie) et celle des animaux (zoogamie) dont celle des oiseaux (ornithophilie) et des insectes (entomophilie), cette dernière étant de loin la plus prépondérante.
L'avantage de la pollinisation est de permettre un brassage génétique et une adaptation au milieu.
Pour les abeilles, elle résulte de leur contact avec les fleurs lors de leur quête de nectar.
Il s'agit donc de la conséquence heureuse d'un comportement inné dont les abeilles sont les agents indirects dans un processus providentiellement organisé par le divin créateur, celui de la propagation de la vie.

4) Le rôle écologique de l'Eglise :

Il est temps pur nous, maintenant, de nous interroger sur les leçons spirituelles que nous pouvons tirer de ce phénomène.

A la question de savoir si l'église a un rôle écologique à jouer dans le monde, je répondrai par un oui massif, en prenant soin de rappeler que nous nous situons dans le domaine spirituel.

En premier lieu, il nous faut voir le monde des hommes comme une flore dont toutes les espèces et chaque fleur qui les composent, sont vouées à la flétrissure, au dessèchement et à la disparition.
Le prophète Esaïe s'en était fait l'écho au chapitre 40 v 6.7 lorsqu'il disait :
« Une voix dit : crie ! et il répond : que crierai-je ?
Toute chair est comme l'herbe, et tout son éclat comme la fleur des champs. L'herbe sèche, la fleur tombe quand le vent de l'Eternel souffle dessus….mais la parole de Dieu subsiste éternellement ! »
L'apôtre Pierre reprend cette image lorsqu'il s'adresse aux chrétiens dispersés dans le Pont, la Galatie, l'Asie, la Cappadoce et la Bithynie dans 1 Pierre 1 v 22.24 .
Je vous invite à être attentifs à ses paroles car elles sont la clé de voûte du rôle écologique de l'église :
« Ayant purifié vos âmes en obéissant à la vérité pour avoir un amour fraternel sincère, aimez-vous ardemment les uns les autres, de tout votre cœur, puisque vous avez été régénérés, non par une semence corruptible, mais par une semence incorruptible, par la parole vivante et permanente de Dieu. Car, toute chair est comme l'herbe et toute sa gloire comme la fleur de l'herbe. L'herbe sèche et la fleur tombe ; mais la parole du Seigneur demeure éternellement. Et, cette parole est celle qui vous a été annoncée par l'Evangile. »

Nous voici donc convoqués par l'Eternel même, comme le fut en son temps, Esaïe le prophète, convoqués et exhortés à propager sa parole de vie, cette semence incorruptible, ce pollen divin, source de vie et facteur de régénération.
A la différence des abeilles, ce pollen divin, nous le portons en nous-mêmes et nous le dispensons et le dispersons volontairement.
Ce pollen porte en lui le germe même de la vie éternelle. C'est un germe puissant, riche de promesses de vie. Il n'est en rien le produit de quelque intelligence humaine, de quelque expérimentation humaine ni de quelque cogitation humaine comme le sont les expédients

religieux ou philosophiques offerts sur le marché des vendeurs d'illusions.
Il est gratuit et donné à quiconque croit par Dieu lui-même. Son nom : l'Evangile de la grâce !

Que crierai-je, Seigneur ?
« Dieu a tellement aimé le monde qu'Il a donné son fils unique afin que quiconque croit, ne périsse pas, mais qu'il ait la vie éternelle ! »
Comment crierai-je, Seigneur ?
- en témoignant de l'amour pour l'âme qui se fane et se dessèche, en lui offrant l'Evangile de la grâce, en allant vers elle en quête de vérité, en lui signifiant que tu as quelque chose de bon à lui offrir !
- en le faisant avec tendresse, amour et sincérité, en lui parlant du fond de ton cœur où ton Dieu a fait son habitation !
- en ayant de l'amour pour tes frères, car, comme le disait l'apôtre Jean : à ceci tous connaîtront que vous êtes mes disciples si vous avez de l'amour les uns pour les autres.

C'est alors que nous pourrons assister, émerveillés au miracle de la vie, par l'éveil spirituel, puis par la nouvelle naissance, puis par l'épanouissement spirituel de celui ou de celle auquel nous aurons apporté le pollen divin dont le Saint-Esprit aura assuré la fécondation dans son âme.

Cependant, aussi exaltante soit cette tâche,, elle n'en est pas rendue plus aisée pour autant !
Il y faut toute la force de l'injonction divine et le feu de son amour brûlant dans nos cœurs pour nous y adonner, en raison des nombreux freins qui nous ralentissent, nous paralysent ou nous inhibent.
Comme les groupements d'apiculteurs peuvent se sentir impuissants face aux lobbies des céréaliers et des firmes d'insecticides, de même, nous pouvons, nous aussi, ressentir notre petitesse devant les lobbies de Satan, de ses agents démoniaques et humains.
Que faire devant la montée du matérialisme, de l'hédonisme, de l'individualisme, du cynisme, de la superstition, de la déshumanisation, de la corruption morale, de la pensée unique ?...et j'arrête là cette triste litanie !

Que faire aussi contre mes tendances naturelles à la tranquillité, au confort, à l'individualisme comme aussi à mes peurs de témoigner, de m'engager devant les autres, craintes des conséquences qu'entraîneraient une trop grande visibilité de ma foi, crainte de ne savoir quoi dire ou comment le dire ?

Que faire, sinon persévérer et ne pas avoir honte de l'Evangile qui est une puissance pour celui qui croit ! Ecouter à nouveau et nous pénétrer des paroles de notre Maître qui savait pleurer pour ceux qui se perdent. L'implorer de raviver dans nos cœurs cet amour premier qui a bouleversé et émerveillé notre vie !

Nous souvenir qu'Il est vainqueur, que sa parole subsiste à toujours qu'elle est esprit et vie, que le prix d'une âme a valeur d'éternité !

Oui, l'Eglise de Christ a bien un rôle écologique car lorsqu'une âme a été régénérée, lorsqu'un pécheur a troqué ses oripeaux maculés de boue pour la tunique blanche du racheté,
alors, à son tour, il va avoir une influence vivifiante sur les écosystèmes au sein duquel il va évoluer.
- sa famille sera la première à bénéficier des nouvelles vertus dont il sera porteur,
- ses voisins, eux aussi, seront interpellés par ses nouvelles habitudes de vie,
- ses collègues de travail découvriront de nouveaux comportements qu'ils n'auraient pu imaginer.

Voilà, chers amis, ce qui résulte de l'action régénératrice de l'action de l'évangile dans une vie. Non seulement, elle a été transformée par l'amour divin mais, de surcroît, tout son entourage en est affecté positivement, percevant le parfum des vertus qui s'exhalent désormais de son être purifié de tout mal et sanctifié pour porter à son tour la bonne nouvelle de la vie éternelle en Jésus-Christ.

Prière finale :

« Que le Seigneur Dieu, Tout-Puissant, qui a jugé bon de nous associer, nous ses faibles créatures, à sa grande œuvre de salut, nous qualifie pour être des proclamateurs zélés de son Evangile de vie !

Qu'Il garde en nous la saveur du sel et la brillance de la lumière de son amour et de sa vérité.
Qu'Il nous fortifie lorsque nous faiblissons, qu'Il réchauffe nos cœurs lorsque notre amour s'amenuise.
Qu'Il nous pardonne lorsque nous péchons.
Qu'Il nous réjouisse en nous donnant de voir des âmes accéder à la vie éternelle. Amen !

A Lui seul soit la gloire !

Note au lecteur :

Sous le même titre « Paraboles de la nature », l'auteur propose un second tome abordant les thèmes des racines chrétiennes et de la vision spirituelle.

TABLE DES MATIERES

PROLOGUE :..3

PARABOLE DE L'AIGLE :..5

I) introduction :

II) l'aigle du point de vue de l'ornithologue
    1) l'aigle, tout un symbole
    2) focus sur l'aigle et sa couvée
III) l'aigle du point de vue théologique :
    1) un Dieu attentionné
    2) Dieu, le Père créateur
IV) le regard de l'enfant de Dieu
    1) une source de paix et d'énergie
    2) une source de jouvence
V) conclusion

PARABOLE DE LA RUCHE :..19

Note préliminaire

I) le Christ, chef de l'Eglise :..22

    1) La reine, mère de la colonie
    2) Le Christ, roi de l'univers et chef de l'Eglise
    3) La reine, abeille achevée ; Le Christ, l'homme parfait.
    4) L'ouvrière, abeille inachevée ; l'homme naturel imparfait
    5) Jésus-Christ, un nom qui peut changer la vie
    6) Jésus- Christ, le père d'une génération nouvelle

II) les chrétiens au service de l'église :………………………...36

    1) Rappels utiles
     2) La ruche et ses ouvrières
     3) L'église locale et ses membres « ouvriers
     4) Itinéraire d'une découverte.
     5) Ouvriers avec Christ

III) la communication dans l'église. :……………………….51

    1) les modes d'identification des abeilles.
    2) la communication entre abeilles
    3) les modes d'identification des enfants de Dieu.
    4) la communication dans l'église

IV) les ennemis de l'église. :……………………………………65

    1) les dangers et les ennemis des abeilles.
       a) les maladies
       b) les parasites
       c) les prédateurs :
       d) les pilleurs de ruche
       e) les insecticides
    2) les dangers et les ennemis de l'Eglise
       a) l'église d'Ephèse
       b)les églises de Pergame et Thyatire
       c) l'église de Laodicée
       d) l'église de Smyrrne
       e) l'église de Philadelphie

V) église en sursis :………………………………………………..80

    1) la ruche bourdonneuse
    2) l'église bourdonneuse

VI) Le rôle écologique de l'église. :..................................... 93

    1) rappels utiles :
    2) textes bibliques :
    3) rôle écologique de la ruche
    4) rôle écologique de l'église :

Oui, je veux morebooks!

I want morebooks!

Buy your books fast and straightforward online - at one of the world's fastest growing online book stores! Environmentally sound due to Print-on-Demand technologies.

Buy your books online at
www.get-morebooks.com

Achetez vos livres en ligne, vite et bien, sur l'une des librairies en ligne les plus performantes au monde!
En protégeant nos ressources et notre environnement grâce à l'impression à la demande.

La librairie en ligne pour acheter plus vite
www.morebooks.fr

OmniScriptum Marketing DEU GmbH
Heinrich-Böcking-Str. 6-8
D - 66121 Saarbrücken
Telefax: +49 681 93 81 567-9

info@omniscriptum.com
www.omniscriptum.com

www.ingramcontent.com/pod-product-compliance
Lightning Source LLC
Chambersburg PA
CBHW031156160426

43193CB00008B/396